財務諸表監査における「職業的懐疑心」

増田宏一
梶川　融 監訳
橋本　尚
「監査人の職業的懐疑心に
　関する研究」部会 訳

同文舘出版

はしがき

　日本監査研究学会の課題別研究部会「監査人の職業的懐疑心の研究」（部会長：増田宏一）では，監査人の職業的懐疑心をめぐる諸問題を包括的に取り上げて，2012 年から 2014 年にかけて共同研究を進め，2014 年 9 月に同学会の第 37 回全国大会（於：愛知工業大学）において最終報告を行うとともに，2015 年 4 月にリサーチ・シリーズⅩⅢ『監査人の職業的懐疑心』（同文舘出版）を刊行した。

　同研究部会では，研究を進める中で，近年の職業的懐疑心に関連する文献・資料を広く渉猟し，検討した。数多くの文献・資料の中で，特にわれわれが関心をもって検討を行ったものとして，以下の 6 つの文献がある。

(1) Center for Audit Quality [CAQ], *Deterring and Detecting Financial Reporting Fraud — A Platform for Action*, October 2010.

(2) ──, *An Analysis of Alleged Auditor Deficiencies in SEC Fraud Investigations: 1998-2010*, May 2013.

(3) Committee of Sponsoring Organizations of the Treadway Commission [COSO], *Fraudulent Financial Reporting: 1987-1997 — An Analysis of U.S. Public Companies*, March 1999.

(4) ──, *Fraudulent Financial Reporting: 1998-2007 — An Analysis of U.S. Public Companies,* May 2010.

(5) Financial Reporting Council [FRC], Auditing Practices Board, *Professional Scepticism — Establishing a Common Understanding and Reaffirming its Central Role in Delivering Audit Quality*, March 2012.

(6) Global Public Policy Committee [GPPC], *Enhancing Auditor Professional Skepticism*, November 2013.

これらのうち，わが国における監査人の職業的懐疑心に関する研究・教育・研修の発展の鍵となる何らかの有益な示唆が得られるものと考えて，本書において翻訳を所収したのは，(2), (5) および (6) の3つの文献である。
　(1) は主にガバナンス，すなわち，取締役会や監査委員会における懐疑心の問題や，それらの機関がいかに外部監査人と連携を図るかといった問題を取り扱っており，直接的にわれわれの関心事である「監査人の職業的懐疑心」を検討したものではない。
　また，(3) および (4) は，上場企業における不正事例の検討を通じて不正な財務報告の問題を取り扱ったものであり，職業的懐疑心に関する言及は必ずしも行われていない。なお，(3) の実際の著者は，Mark S. Beasley 教授 (North Carolina State University), Joseph V. Carcello 教授 (University of Tennessee) および Dana R. Hermanson 教授 (Kennesaw State University) であり，(4) は，これら3名に Terry L. Neal 教授 (University of Tennessee) を加えた4名によるものであるが，彼ら4名が，ほぼ (4) の分析対象と同じ対象期間・対象資料をもとに，不正な財務報告における監査人の失敗に焦点を当てて，検討したものが (2) である。したがって，本書では，(2) を翻訳して所収することとしたのである。

　本書で訳出した3つの文献について，以下，簡単に紹介することとしたい。
　まず，(2) にあげた『SEC 不正調査における監査人の不備疑惑に関する分析：1998年-2010年』であるが，これは，上記のように，Beasley 教授をはじめとする研究者が，トレッドウェイ委員会支援組織委員会 (COSO) における委託研究として，長年にわたって SEC の処分事例をもとに米国における不正な財務報告を研究してきた成果に依拠した分析研究である。監

査品質センター（CAQ）は，Beasley教授たちが2010年に公表した上記の（4）の研究に注目し，当該研究について，監査人の失敗に焦点を当てた分析を委託した。Beasley教授たちは，上記（4）の文献の対象事例に，2008年から2010年までの処分事例を追加し，1998年から2010年までの13年間にわたる計87件の処分事例を対象として分析を行った。Beasley教授たちの研究手法は，COSOにおける委託研究（上記の（3）および（4））の場合と同様に，主にSECによる会計監査執行通牒（Accounting and Auditing Enforcement Releases：AAERs）の分析を通じて行われている。そこで識別された監査人の失敗の主たる原因は，以下の4つの領域に分類されるとしている。

① 職業的専門家としての正当な注意を払わなかった
② 職業的懐疑心の水準が不十分
③ リスクの識別および評価が不適切
④ 識別されたリスクについて十分かつ適切な監査証拠を入手するための適切な監査対応がなされていない

われわれの研究部会との関連でいえば，「②職業的懐疑心の水準が不十分」に分類される事例の原因に関心がある。わが国では，処分事例の詳細が必ずしも十分に公表されないことから，SECのAAERsの処分事例を検討することは，職業的懐疑心の不備とされる水準を明らかにし，監査人に必要とされる職業的懐疑心の発揮のあり方を検討したり，職業的懐疑心を高めるための研修等のあり方を考えたりする上で，貴重な資料といえるであろう。

次に，（5）にあげた『職業的懐疑心―共通認識の確立および監査品質の確保における中心的な役割の再確認―』は，英国の財務報告評議会（FRC）・監査実務審議会（APB）による職業的懐疑心に対する検討プロジェクトの最終成果としてのガイダンスである。APBでは，2010年8月

に，討議資料（*Discussion Paper, Auditor Scepticism: Raising the Bar*）を公表し，職業的懐疑心に関する議論を開始した。この背景には，2008年以来の金融危機において，監査人がしかるべき役割を発揮しなかったのではないか，特に監査人の職業的懐疑心の発揮が不十分であったのではないか，との批判があった。当該討議資料では，米国において研究上の大きなテーマとして取り上げられていた「推定上の疑義（presumptive doubt）」の概念，すなわち，経営者の誠実性について，現行の監査上の立場である「中立的な立場」を超えて，不正等を行うものとして疑ってかかる姿勢を取り入れることを俎上に載せている。しかしながら，多くの批判的なコメントを受けて，2011年3月に公表された*Feedback Paper*では，推定上の疑義に関する主張を撤回し，最終的に，2012年3月に本ガイダンスを公表したのである。本ガイダンスは，本ガイダンスをもとにして，監査に関連する人々に議論を行ってもらうことを目途として作成されており，職業的懐疑心に関する通常のFRCや他の公的機関のガイダンスとは様相を異にしている。すなわち，本ガイダンスでは，懐疑心について哲学史を踏まえて議論をした上で，監査の歴史と監査における懐疑心の発揮の意味について論じている。その上で，同ガイダンスでは，監査人が職業的懐疑心を発揮する上で，個々の監査人，監査チーム，監査事務所，ならびに監査委員会および経営者のそれぞれにおいて果たすべき役割について言及している。その上で，本ガイダンスは，5つの提言を示しているのである。

　（6）にあげた『監査人の職業的懐疑心を高めること』は，国際公共政策委員会（GPPC）による委託研究であり，Steven M. Glover教授およびDouglas F. Prawitt教授（いずれもBrigham Young University）による研究成果である。GPPCとは，国際的な6大監査ネットワークであるBDO, Deloitte, EY, GT, KPMGおよびPwCによって構成されており，各国の監査監督機関による国際機構である監査監督機関国際フォーラム

(International Forum of Independent Audit Regulators: IFIAR) の下に，定期的な対話を行う機関をもつなど，国際的な監査市場に占める影響力の大きさを背景に，近年，監査に関する問題についての発言力をつとに高めている。本報告書は，GPPC の基準ワーキング・グループ（SWG）が，会計プロフェッション，監査基準の設定主体，規制当局，投資家，監査委員会およびその他の利害関係者において，今後の議論の基礎となることを期待して公表されたものである。本報告書では，職業的懐疑心とは何か，それをどのように行使すべきか，職業的懐疑心に対する脅威とかかる脅威に対する費用対効果が高いと考えられるセーフガードに関する共通の理解を深めることの重要性について考察するとともに，職業的懐疑心の行使力が監査人によってどのように高められるのかについての考え方や提案が示されている。GPPC の下で公表された報告書ということもあって，本報告書で示されている職業的懐疑心に関する取り組みは，かなり実務に根ざした実践的なものであり，今後の国際監査基準（ISA）の改訂等において参考にしやすいもののように見受けられる。

以上のように，本書で翻訳を所収した3つの文献は，いずれも監査人の職業的懐疑心に関する議論にとって重要な資料といえるものである。

なお，先にあげたリサーチ・シリーズXIII『監査人の職業的懐疑心』においては，第5章「職業的懐疑心に関する海外の動向」において，これら3つの文献について紹介しているのであわせて参照していただきたい。

翻訳に際しての当初の役割分担は，以下のとおりである。
(2) *An Analysis of Alleged Auditor Deficiencies in SEC Fraud Investigations: 1998-2010*
増田智一，中田　淳，柳瀬宏司，穐吉孝明，張間善次郎（いずれも一般社団法人日本不正検査士協会（ACFE JAPAN）会員，CFE）

(5) *Professional Scepticism — Establishing a Common Understanding and Reaffirming its Central Role in Delivering Audit Quality*
　増田宏一（公認会計士），橋本　尚（青山学院大学）
(6) *Enhancing Auditor Professional Skepticism*
　梶川　融（太陽有限責任監査法人），石田めぐみ

　また，以下に記した本課題別研究部会のその他のメンバーからは，各翻訳の進捗段階に応じて，適時・適切な助言やコメントが寄せられた。

　　岸田雅雄（早稲田大学）
　　住田清芽（有限責任あずさ監査法人）
　　田中智徳（中部大学）
　　箱田順哉（公認会計士）
　　八田進二（青山学院大学）
　　濱田眞樹人（立教大学）
　　藤沼亜起（中央大学）
　　町田祥弘（青山学院大学）
　　三宅博人（公認会計士）
　　弥永真生（筑波大学）
　　脇山太介（株式会社ディー・クエスト）

　最終的には，監訳者が全体の訳語の統一や訳文の調整を行った。相応の時間と討議を踏まえての翻訳ではあるが，まだまだ思わぬ誤りや誤解に基づく訳出もあるかもしれない。すべての責めは，監訳者に帰するものと考えている。

はしがき

　本書の出版にあたっては，同文舘出版株式会社代表取締役社長中島治久氏にたいへんお世話になった。また，翻訳権の取得から翻訳に関する作業の調整に至るまで，同社専門書編集部の青柳裕之氏から多大のご支援とご協力を得た。ここに記して謝意を表する次第である。

2015 年 7 月 6 日　公認会計士の日に

増　田　宏　一

梶　川　　　融

橋　本　　　尚

目 次

はしがき　i

職業的懐疑心
共通認識の確立および監査品質の確保における
中心的な役割の再確認

第1節　序　　005

第2節　懐疑心のルーツの探求および監査という行為における懐疑心の役割に関する意味合いの確認　　008

ギリシャ哲学における懐疑心　008
信じるか信じないかという性質およびその一定の条件下での影響　009
証拠に基づいた知識論および科学的懐疑心　011
監査プロセスにおける証拠，信頼および代理　012

第3節　科学的懐疑心および科学的方法　　013

第4節　現代監査の起源　　018

第 5 節　監査における職業的懐疑心についての結論　　　　024

第 6 節　監査人が適切な水準の職業的懐疑心を
　　　　発揮するために必要な条件の整備　　　　028

個々の監査人　029
監査チーム　029
監査事務所　030
監査委員会および経営者の役割　032

第 7 節　諸課題の進展策　　　　034

SEC 不正調査における監査人の不備疑惑に関する分析：1998 年―2010 年

序　　　　041

調査チーム　041
調査マネージャー　041
調査アシスタント　042

x

目 次

1. エグゼクティブ・サマリー　046

2. 調査方法　052

3. 結果　056

会社の特徴　056
　　調査対象会社の財務上の特徴　056
　　監査報告書　058
　　会社の特徴と監査報告書—2010年『COSO報告書』との比較　058
監査不備疑惑　059
　　不正に対する監査人の関与疑惑　059
　　手抜き監査　060
　　実際の監査における監査不備疑惑　061
　　Beasleyら［2000］の結果との比較　075

4. 意味合い　077

職業的専門家としての正当な注意を払わなかった　078
職業的懐疑心の水準が不十分　079
リスクの識別および評価が不適切　085
識別されたリスクについて十分かつ適切な監査証拠を
　　入手するための適切な監査対応がなされていない　088
その他の意味合い　089

5. 要約　090

6. 調査チーム　091
著者　091
調査マネージャー　093

付録　094

監査人の職業的懐疑心を高めること

エグゼクティブ・サマリー　105

職業的懐疑心の定義と行使　107
職業的懐疑心に改めて焦点を当てる理由は何か？　108
職業的懐疑心とは何か？　109
職業的懐疑心の行使：連続性（continuum）　112
属性，スキル，人格　118

目　次

職業的懐疑心の行使を強化することに対する脅威，軽減措置および提案　120

個々の監査人レベル：適切な職業的懐疑心の行使に対する脅威　126
個々の監査人レベル：職業的懐疑心の適切な行使の強化　129
監査チームレベル：職業的懐疑心の適切な行使に対する脅威　132
監査チームレベル：職業的懐疑心の適切な行使の強化　133
監査業界／監査事務所レベル：
　職業的懐疑心の適切な行使に対する脅威　136
監査業界／監査事務所レベル：職業的懐疑心の適切な行使の強化　137

監査人の職業的懐疑心を強化するために，他の利害関係者は財務報告プロセスにおいて何ができるか？　144

取締役会および監査委員会の役割の強化　146
規制当局／検査当局　150
監査基準設定主体　152

結論　155

索　引　157

財務諸表監査における「職業的懐疑心」

Auditing Practices Board

Professional Scepticism

Establishing a common understanding and reaffirming its central role in delivering audit quality

March 2012

2012年3月

財務報告評議会（FRC）

英国監査実務審議会（ASB）

職業的懐疑心

共通認識の確立および監査品質の確保における※中心的な役割の再確認

※ 原語は in delivering audit quality であり，直訳すれば「監査品質の提供における」であるが，ここでは「監査品質の確保」と意訳することにした。

第 1 節　序

第 2 節　懐疑心のルーツの探求および
　　　　 監査という行為における懐疑心の
　　　　 役割に関する意味合いの確認

第 3 節　科学的懐疑心および科学的方法

第 4 節　現代監査の起源

第 5 節　監査における職業的懐疑心についての結論

第 6 節　監査人が適切な水準の職業的懐疑心を
　　　　 発揮するために必要な条件の整備

第 7 節　諸課題の進展策

第1節 序

　本文書は，監査人の懐疑心の本質および監査における懐疑心の役割に関して，監査実務審議会（Auditing Practices Board：APB）が検討した見解を表明するものである。個々の監査の質，および，より一般的には，監査の価値に対する懐疑心の重要性を踏まえて，われわれは，本文書がこの問題に関する重要な基準点になるものと考えており，すべての監査人が念入りに検討することを期待するものである。

　本文書は，APBの文書としては異例の形式で書かれており，通例よりはかなり広範囲にわたるものとなっており，多様な領域から類推している。これは，懐疑心の意味するところは，より広範に理解する必要があり，これらの類推によることが，かかる理解を広範なものとする際の一助になるであろうとわれわれが考えているからである。また，われわれは，懐疑心の問題に関する国際的な議論を巻き起こし，そこに情報を提供することも切望しており，こうしたより広範かつ多様な方法が，かかる議論に有益な情報を提供するであろうと考えている。

　本文書は，2010年8月公表のAPBのディスカッション・ペーパー「監査人の懐疑心：水準の引き上げ」およびそれに続いて2011年3月に公表されたフィードバック・ペーパーに基づいている。フィードバック・ペーパーでは，受領したコメントを要約するとともに，APBおよび財務報告評議会（Financial Reporting Council：FRC）のその他の部署が受領した回答に照らしてとろうとしている行動を概説したものである。

フィードバック・ペーパーでは，以下のような指摘がなされた[1]。

- 回答は，当初の心持ちのあり方について多様な見解があることを示唆しており，職業的懐疑心の本質および監査という行為における懐疑心の役割についての合意がないという懸念をAPBに対して表明していた。
- APBは，経営者が提示した証拠を強力な批判に晒すことやその他の証拠資料と比較することなく承認することを意味するのであれば，経営者が経営者の主張を裏づける適切な証拠をもっていることを確かめることに監査人の役割が限定されるということを受け入れなかった。
- APBは「中立的な心持ち」または実際にまさに「探求する心持ち」のいずれが監査人にとって適切かを問うた。監査人の心持ちは，財務諸表の虚偽表示のリスクを評価する監査計画の策定中をとおして行使され，かかるリスク評価により入手すべき監査証拠の性質と範囲が決まる。また，監査人の心持ちは，高い不確実性および相当程度の経営者の判断の双方に依存する会計上の見積りの妥当性を評価する際にも適用される。

APBがさらなる作業に着手することを提案する最初の領域は，職業的懐疑心の本質および監査という行為における懐疑心の役割の関する首尾一貫した理解を深めることであった。

第2節では，古代ギリシャにおける懐疑心の哲学的な起源およびそれがその後，17世紀に科学的方法として開花しはじめる懐疑心にどのような影

---

[1] 「監査人の懐疑心：水準の引き上げ：フィードバック・ステートメント（Auditor scepticism: Raising the bar: Feedback Statement）—2011年3月」
http://www.frc.org.uk/apb/publications/pub2343.html 参照のこと。

響を及ぼしたかを検討している。懐疑心と信じるか信じないかという性質との関係は，証拠および行動がそのような性質に及ぼす影響とともに探求される。

第3節では，他の学問—科学—が今や尊敬に値する懐疑的方法をどのように進展させてきたかを示すことによって，監査の戦略および計画を立て，入手した監査証拠を評価するために必要な心持ちに関する知見を示そうとしている。

第4節では，14世紀からの荘園における萌芽期の監査の慣習として生じた代理関係の本質およびそれに伴う保証の必要性を検討することによって，監査人の心持ちに関するさらなる知見を示そうとしている。

第5節では，懐疑心を発揮した監査に関するこれまでの分析から，APBの結論を提示する。職業的懐疑心は，監査の品質の基本であることを示唆している。—職業的懐疑心は，各監査判断の品質を規定し，そして，これらを通じて，株主およびその他の利害関係者のニーズを満たす監査全体の有効性を規定するものである。

第6節では，監査人が適切な水準の職業的懐疑心を発揮するために必要な条件についてのAPBの見解を提示している。そこでは，個々の監査人，監査チームおよび監査事務所に対するAPBの期待ならびに監査委員会，経営者およびその他の者が果たし得る脇役としての役割に対するAPBの期待に脚光を当てている。

最後に，第7節では，APBが提案する諸課題の進展策を提示している。

第2節 懐疑心のルーツの探求および監査という行為における懐疑心の役割に関する意味合いの確認

　懐疑心はギリシャ語の"$\sigma\kappa\varepsilon\psi\iota\varsigma$"（skepsis）を語源とし，特に*懐疑論者*または*ピュロン主義哲学者の検査，調査，躊躇または疑念*を意味する[2]。ギリシャ哲学の懐疑主義は，知識の確実性に疑問を呈する紀元前5世紀からの学派であった。ここから自然界についての確実な知識（真実）を得ることはできないという哲学的な観点が発展した。

■ギリシャ哲学における懐疑心

　現代用語の「懐疑心」に関する語源的な理解に加えて，われわれは初期ギリシャ哲学における懐疑心から何を学ぶことができるか。

- 第一に，懐疑心の本質は，疑うことであり，この疑念が洗練された課題設定および探求を促すものである。懐疑論者の疑念は，基本的な問題について主張される多くの対立する見解から生じる。彼らの疑念は，社会通念に疑問を投げかけさせ，知識の本質についてのよりよい理解を得ようと問いかける。
- 第二に，疑いに直面して，彼らは，真実についての判断を保留するであろう。
- 第三に，極端な形式において，懐疑心は，真実についての判断を下すことができないという結論に至るかもしれないので，実用的なもので

---

[2] リデルおよびスコット（Liddell & Scott）希英辞典。

はない[3]。

■信じるか信じないかという性質および
その一定の条件下での影響

今日,一般的に,懐疑心は,「何らかの主張または事実と考えられるものの真実に関する疑念」を意味する[4]。疑念は不信用であり,その反義語は,信用,信頼である[5]。疑念も信頼も絶対的なものである必要はない。いずれもさまざまな程度で表現される。不確実性は両者の間に位置し,絶対的な信頼(信用)と絶対的な不信(不信用)が両極にある。疑念,信頼および不確実性は受動的な概念-心の状態である。それらは,個人がある主張を信じるか信じないかという性質について説明している。

心の状態における疑うか信じるかについての実際の水準は,個人の反応を条件づけるものである。信頼および疑念の双方の程度が低い場合,受動的な反応でいずれの結果となるかは不確実であり—判断の無期限の延期—または,かかる主張の真偽を追い求めて積極的に探求することを促すかもしれない。この探求の結果は,心の状態をさらに条件づけることになり,

---

3 バートランド・ラッセル(Bertrand Russell)は,1958年の書籍『疑う意思』(The Will to Doubt)において,このような「英雄的」懐疑心を以下のように言い方を変えて説明している。「ピュロン主義(懐疑主義の古称)の創始者のピュロンにより語られている話である。彼は,ある行動様式が他のものよりも賢明であると十分な確信をもって知ることはできないと主張する。青春時代,彼が健康的な午後を過ごしていたときに,(彼が原則とするものを吸収した相手である)哲学の先生が溝に頭を挟んで抜け出せなくなっているのをみた。しばらく先生をじっと見つめた後,彼は,この人を溝から出すという何か良いことをしようと考えるに十分な根拠はないと主張して歩き続けた。懐疑心の薄い別の人々が救い出し,ピュロンは薄情だと非難した。しかし,原則に忠実な彼の先生は,彼の一貫性を称賛した。」
4 ショーター・オックスフォード(The Shorter Oxford)英語辞典。
5 ロゲット(Roget)類義語・反義語辞典:分類区分484(信用)(Belief)および分類区分485(不信,疑念)(Unbelief; Doubt)参照のこと。

かかるプロセスが繰り返されるかもしれない。信頼か疑念かの心の状態が十分に高い場合にはじめて、積極的な反応—主張を信用することの承認または拒絶—が生じる。

ある主張を信じるか信じないかという性質は、多くの影響によって条件づけられるかもしれない。これらには探求の結果だけでなく、潜在的には個人の偏見（意識的であれ、潜在意識であれ）および個人の利己主義に対する知覚と評価が含まれる。これらの他の条件づけによる影響は、客観的真実を得ようとするならば濾過しなければならない。

監査判断においては、人間の意思決定および判断過程の基礎にある行動の規則の意味を理解すること（「発見的方法」）は役立つかもしれない。特に複雑な問題や不完全な情報に直面して、これらのプロセスを説明するために役立つ多くの発見的方法が提案されてきた。また、ある状況においては、これらのプロセスに系統的誤差または偏りが入るかもしれないと考えられた。

これらの考えの1つの説明は、最近の学術論文[6]に見いだされよう。そ

---

[6] シャロット・コーン・ドーラン（Sharot, Korn and Dolan）の「現実に直面して非現実的な楽観主義が維持される方法」（How unrealistic optimism is maintained in the face of reality）ネイチャー・ニューロサイエンス（ネイチャー神経科学）（Nature Neuroscience），2011年11月を参照のこと。新しい証拠が既存の考え方に及ぼす影響を検討している本研究および先行研究は、最近のソシエテ・ジェネラル（Societe Generale）の研究論文：「悲運な商人を弁護するために：ヒアリング（聴力）がリスニング（聴解力）と異なる場合」（In defence of the doom merchants: when hearing isn't listening），2012年1月http://www.frc.org.uk/images/uploaded/documents/Societe%20Generale%20Research%20Paper%20January%202012.pdf.で議論されている。本論文は、人々は、自己の理論を支持する証拠には留意し、自己の理論と矛盾する証拠は無視する自然な傾向があるということを示唆している。どちらかといえば、この傾向は、熱心に取り組むように促された場合には、強まる。

こでは，人々が，自らの悲観的な考えに反する証拠に応じてよりも，自らの楽観的な考えに反する証拠に応じて，自らの考えを調整するようなことはないということを示している。

これに対抗するために必要なものは，別の観点を構造的に検討することを促進する仕組みである。かかる仕組みの一例として金融業務において適用されているものは，「逆ストレステスト（逆方向の健全性審査）」である。この形式のストレステストにおいては，取締役は，事業体を失敗に導くものを検討し，こうした状況が生じる可能性に関する証拠を評価する。

■証拠に基づいた知識論および科学的懐疑心

最近の懐疑主義は，より実用的であり，（実際には到達できないとしても）絶対的真実に近づく方法があると主張する。経験主義学派は，知識の唯一または主要な源泉は，感覚をとおして得られた経験であると提案している。それゆえ，生得観念および伝統からの演繹的知識よりも帰納的知識の経験的証拠（観察された証拠）の役割を強調している。

経験主義（哲学経験論）は，17世紀における科学および科学的方法の発展において大きな影響を及ぼすものであった。科学的懐疑心は，再現可能で，それゆえ，真実の科学的探究において他の影響を排除しようとする経験的証拠による裏づけのない主張の真実性に疑問を呈する。

■監査プロセスにおける証拠，信頼および代理

　監査は，株主の資本資源の委託先である取締役により作成された財務諸表の真実性および適正性を評価し，報告する証拠に基づいたプロセスである。監査は，株主の別の代理人である監査人に託される。

　この説明は，懐疑心に関連のある監査の2つの特徴—証拠に基づく監査の本質および監査に固有の委託・代理関係—について言及している。これらのそれぞれに関連する懐疑心の役割は，以下においてさらに探求される。過程の証拠に基づく性質は，第3節の科学的方法および科学的懐疑主義と一部類似していることを示唆しており，科学的方法および科学的懐疑主義の面から探求される。また，第4節では，職業的懐疑心の発揮に関する意味合いが，委託・代理関係の本質および英国における現代監査の起源である14世紀の荘園領地における召使いの監査の伝統を生んだ保証の必要性を検討することによって確認される。

第3節 科学的懐疑心および科学的方法

　科学的方法では，以下によって，自然の過程の原因と結果を理解しようとする。

- 異なる条件下における行動の**実証的観察**
- どのように作用するかの推量（観察と整合的な原因と結果に関する**理論の構築**）—帰納論理学に依拠する方法
- 特定の条件下で理論の真実性から必然的に帰結する影響を予測すること（**仮説の構築**）—演繹論理学に依拠する方法
- どのような証拠が裏づけとなっているかのみならず，どのような証拠が反証となっているかを検討することによるそれらの仮説の**検証**—それに応じて，かかる証拠を見つけるために実験が企画され，実施される。
- プロセスの各段階は，他の科学者の批判的な検討の対象となり，彼らにとって取り組みがいがあり，かつ，彼らの再検証の受けるに足る**透明かつ反復可能**なものである。
- 新しい領域における科学的知識の発展においては，仮説検証を経てきたいくつかの競合する理論があるかもしれない。認められた科学的知識の状態へのある理論の進展には，他のすべての競合する理論に対するある理論の優位性を証明するような証拠を提供することができるような「**批判的実験**」を必要とする。

　このプロセスは，想定理論を反証することはできるが，完全に証明する

ことはできない。検証により仮説が反証されれば、理論は、新たな観察事項に照らして再評価され、必要ならば新しい理論が想定される。厳格な検証を生き残った理論は、当分の間、もっともらしいものとして存続する。それゆえ、科学的知識は、動的で常に攻撃対象となっている。

科学的方法が発達する前は、自然界に関する知識は、主として認められた昔の知恵（自明の理）に基づいており、論理的演繹（演繹的方法）によってもたらされた「知識」の形成により進歩してきた。科学的方法の進展における重要な発展は、観察し得る自明の理はなく、そのようにみえるすべての問題に常に疑問を抱き、検討対象とする必要性を認めたことであった。

ロバート・ボイル（Robert Boyle）は、現代科学の父および科学的方法の草創期の支持者として広く認知されている。彼の新しい方法に関する論文は、いみじくも「懐疑的化学者」[7]と呼ばれている。

科学的方法における懐疑心は、科学者を必要とする継続的で洗練された質問の体系的な形式として描写することができる。

- 実証的（観察された）証拠の厳格な評価と首尾一貫する説得力ある代替的な因果関係を積極的に求めて、既存の理論を批判的に評価すること

---

[7] ロバート・ボイル（Robert Boyle），1661年：『懐疑的化学者またはアルケミスト（錬金術師）の大半が提起し擁護する，普通基底的と呼ばれるスパギリスト（錬金術師）の原質に関する化学的一自然学的疑問とパラドックス』（The Sceptical Chymist: or Chymico-Physical Doubts & Paradoxes Touching the Spagyrist's Principles Commonly call'd Hypostatical As they are wont be Propos'd and Defended by the Generality of Alchemists）

- 反復可能かつ透明な実験を行い，何らかの既存の理論の妥当性を<u>支持</u>するよりはそれと相反する証拠を探求すること，および
- ある理論が破壊試験を生き残り，かつ，批判的な実験の対象にして，現時点におけるもっともらしい他のすべての理論にまさると結論づけることができる証拠が得られるまで，何らかの所与の理論の妥当性についての<u>判断を保留する</u>こと（すなわち，信じるか信じないかに関する積極的な決定を行うことを延期すること）

　科学的方法と監査の間には，多くの類似点がある。もちろんこの類推は，極端に行うべきではないが，一定の水準では，科学的懐疑心の本質および科学的方法を用いることで果たす役割についての検討から学ぶことは多い。科学的懐疑心は，科学的方法の支柱であり，学習過程のあらゆる判断に影響を及ぼすものであり，究極的には，科学的方法の全体を支えるものである。

　しかしながら，科学的調査と監査における調査の主題は，本質的に異なるものである。
　科学の主題は，自然界に関する知識であり，通常，組織的な方法で行動することが経験上，示されている。監査の主題は，事業体の経営業績および報告制度のアウトプットであり，通常，組織的に活動することを意図しているけれども，外部の気まぐれな影響や人為的ミスや不正により，そうならない場合が多い。

　科学において，潜在的な変数は，実験室の条件の下で識別され，個々に制御し，変えることができる。監査においては，そういうことはできず，事業体の経営業績および報告制度のアウトプットは，現実世界の（多変量

の）条件の下で観察しなければならない。

　監査と科学的方法との間の類推上のこれらの限界にもかかわらず，科学的方法の要素は，監査における適切な懐疑心の基礎となるような重要な監査活動を示唆するものである。

- 経験的な観察は，被監査会社の事業および取り巻く環境をよく理解することを示唆するものである。
- 反証可能な仮説を構築することは，経営者が入手した証拠が重要な虚偽表示がないという結論を裏づける度合いのみを検討するよりも，重要な虚偽表示が存在するかもしれないということを積極的に検討し，それらを識別するために監査による検証を立案することを示唆するものである。そして，
- 透明性および反復可能性は，内部のレビュー対象者および外部の調査担当者に対して監査業務の透明性と反復可能性を確証する際の文書化の重要性を示唆するものである。

　監査人がこれらの活動をどの程度まで深く追求すべきかについて，比較により語られることは少ない。

○重要な虚偽表示のリスクの積極的な調査は，いつやめるべきか。
○監査人の理解は，どこまで及ぶべきか。
○監査人は，どのくらいテストおよびストレステストを行うべきか。
○いつ証拠が十分となるか。

　科学的類推は，そのような問題を追求すべき絶対的な水準は存在しない

ことを示唆している。科学的懐疑心は，他の類似の客観的科学者が，仮説を承認または否定するために追求したい点まで追い求められる。科学的領域においては，仮説の承認は，かかる仮説の信頼の水準が，ほとんど確実なものに近づいたときに初めて行われる。これは，監査において職業的懐疑心が追求すべき最適な点ではないかもしれない。このことについては，次節において，英国における現代監査の歴史的起源を探求する中でさらに検討する。

第4節 現代監査の起源

　現代監査の起源は，14世紀から形成された荘園の家庭の召使いの監査の伝統にみることができる[8]。監査人は，家の中で最も信頼された召使いであり，他のすべての召使いは，自らに託された資産に関して，監査人に会計報告することが求められた。

　もっとも単純な形式においては，各召使いには，自らに託されたすべての現金その他の資産に関する計算書の作成が求められた。各召使いは，資産が自らの管理下におかれたときに「責任」を負い，監査人の聞き取りを受け，計算書が承認されたときに「責任を解除」された。

　1844年株式会社法において，株式会社の自由設立制度が確立されたときに，任命される監査人に関して，これらの伝統に基づいた任意規定があった。任意規定の下では，少なくとも1名の監査人は株主によって任命されなければならず，その報酬は会社によって支払われるが，その額は，政府機関（大蔵省の委員：the Commissioners of the Treasury）が相当と考える額を決めており，監査人の報告書は，公開することが義務づけられていた。監査人は，株主であることも職業会計士であることも求められなかったが，株主である場合が多く，監査人を補佐するために職業会計士が雇わ

---

[8] ショーン・M・オコーナー（Sean O'Connor）「あなたの願望に注意して：いかにして会計士と議会は，監査人の独立性の問題を創出するか」（*Be careful what you wish for: How accountants and Congress created the problem of auditor independence*）2004年 http://www.bc.edu/dam/files/schools/law/lawreviews/journals/bclawr/45_4/01_FMS.htm 参照のこと。

れる場合が多かった。

　1856年株式会社法は，当初の任意規定を強化し，監査人が自らを補佐する会計士を会社の費用負担で雇うことを特別に認めるとともに，監査人が会社の取締役や幹部になることおよび株主として以外に会社のいかなる取引にいかなる利害を有することも禁じた。選択的な任意規定ではなく，会社（当初は株式会社形態の銀行のみが対象で，その後，すべての会社に対象が拡大された）が監査を受けることを絶対条件としたのは，グラスゴー・シティ銀行の破綻を受けた1879年の会社法が起源である。やがて，株主を監査人として任命する実務は消滅し，その役割を直接担うために公共会計士が雇われた。

　顧みると，その起源においては，監査は本質的にプリンシパルに代わって彼らが委託したアソシエートまたはエージェントによって行われるプリンシパルの資産が託されている別のエージェントの忠実性に関するチェックであったように思われる。監査の重要な構成要素ではないにしても，プリンシパルと監査人との間に存在する信頼は，重要な構成要素であった。専門的技能の重要性は，後から追加されたものにすぎない。監査自体の理論的根拠は，プリンシパルが資産を託した者の忠実性を想定することができず，それゆえ，その保証を求めたところにある。

　このことは，監査人が監査において職業的懐疑心をどこまで行使すべきかを示唆しているかもしれない。プリンシパルと監査人との間の信頼の強い絆と自らの資産を託した者の忠実性についての保証を求めるプリンシパルのニーズが監査人の心持ちを決めるものとなろう。それは，プリンシパルの資産を託された者への聴取において質問し，彼らが資産の取扱いに関

して適切な計算書を示したか否かを評価する際に，監査人を懐疑心の適切な水準へと導くであろう。監査人はプリンシパルが聞くであろうと予想する質問をし，プリンシパルが取り上げるであろうと予想する問題を取り上げ，プリンシパルが満足する証拠を得たと満足するまで追求を行うであろう。

　おそらくこれが，現代監査における懐疑心の必要な水準を理解する公正なレンズを通した見方である。株主（およびその他の利害関係者）が監査人に聞いてほしいと期待するものは何で，監査人にどのような問題に取り組んでもらいたいと期待しているのか，そして，どのような証拠を必要としているのか。

　忠実性は，19世紀の問題であり，20世紀にはさらに大きな問題となったが（そして，21世紀においてもなお問題とされているが），事業活動の進展と複雑性の増大，そして事業規模と範囲の増大は，科学技術の時代の到来と相俟って，株主（およびその他の利用者）が情報や再保証を求めるものに関して，他にも多くの領域があることを意味するようになった。例えば，私的利害の配置ミスが，簡単に取締役と株主との間のリスク選好の配置ミスをもたらすことになろう。

　このことは，懐疑心の心持ちは一定であるものの（調査，検討，検証によれば）懐疑心を発揮する監査人がとる行動の水準は，株主（およびその他の利害関係者）の期待および監査の進行とともに発生することの双方に応じたものになる。これが「監査人の懐疑心：水準の引き上げ」（*Auditor Scepticism: Raising the Bar*）で言及された「可変性」である。

その期待を検討する必要性のために，（利用者としての）株主およびその他の利害関係者の見方は，重要性との関係で監査基準の中に組み込まれており，懐疑心は，すべての監査判断を行う際に，かかる見方を組み込まなければならない。このような背景に反して，現代監査を実施するに際して，職業的懐疑心の発揮に関して特に注意深く，自らの責任を自覚することを監査人に求めることを強調するような以下のような要因があるとAPBは考えている。

- 株主とは相対的に隔離された方法で会社と契約し，会社から報酬が支払われるために，監査人が懐疑心を保持していなかったり，保持していないように思われる可能性がある。加えて，監査プロセスを通じて株主と直接接触することは，たとえあるとしても少ない。その結果，株主は監査プロセスを観察する手段がなく，したがって，監査プロセスに信頼を寄せるすべがない。このことは，一般的には，強力なガバナンスの必要性を，そして，とりわけ，監査人が質の高い，懐疑心を発揮した監査を実施したかどうかを評価することと，それを投資家に伝達することという双方に対して監査委員会が負う責任の重要性を強調するものである。
- 監査人は必然的に経営者および監査委員会と強力な業務関係をもっており，それにより懐疑心の欠如または減退をもたらす信頼の形成へと彼らを導くかもしれない。そして，
- 監査事務所の事業モデルは，被監査会社との強力な関係を構築する文化を奨励するものである。このことは，監査人が自己の利害を株主の利害のよりも優先させ，監査人の客観性または必要とされる水準で経営者と対峙する意欲のいずれかを損なうような信頼の形成または利己主義の動機づけを監査事務所および監査人が行うことにつながる可能

性のあるリスクをもたらすものである。

　これらの関係の強さおよび監査人の正式な任命は株主ではなく取締役によってなされることを踏まえれば，監査人が被監査会社を「クライアント」と呼ぶことが多いことは，おそらく驚くことではない。しかしながら，懐疑的方法が必要とされる時と場所に関する自己の判断に影響を及ぼすかもしれないので，経営者への信頼は，監査人が懐疑心を行使する上で支障となるかもしれない。不当な信頼の形成に対抗することは，非監査業務の提供から生じるかもしれない監査人の客観性に対する脅威に対抗することが重要であるのと同じくらい重要なことである。―ここで，監査人は元来，会社といかなる取引におけるいかなる利害を有することも認められていなかったことを指摘しておくことは，興味深いことである。

　上記で述べた要因は，広く認識されており，監査人の（客観性と独立性を含む）職業的誠実性の実質および知覚に問題を投げかけている。これらの問題に取り組む必要性は，倫理基準を含む法律および職業基準において確立された監査および監査人に関する責任，義務および開示を含む対抗策を模索する多様な反応をもたらすものとなっている。また，このことが，監査において適切な職業的懐疑心を発揮することを求める主要な理由ともなっている。

　（実際，株主の代表として）事業体の財務情報および財務統制を監視し，これらの問題に取り組む独立性ある非執行取締役としての監査委員会の役割が増大しているにもかかわらず，監査委員会の見方が株主の見方の代理として監査人に容易に解されてしまうかもしれないというリスクもある。監査委員会の関心事を取り上げることだけでは，必ずしも株主（およびそ

の他の利害関係者）の期待を満たすことにはならない。

　これらの理由すべてにより，いつ，どのような水準の職業的懐疑心が必要とされるかについて厳格な評価を行うことは，有効な監査の基礎となる。

第5節 監査における職業的懐疑心についての結論

　生物の成長と発達において，細胞の形成における DNA の表現は，環境からの攻撃に適合する際の本質と有効性を規定する。リチャード・ドーキンス（Richard Dawkins）の言葉[9]では，

　　DNA は，気にならないし，知りもしない。DNA とは，ただそういうものである。われわれはその音楽にあわせて踊る。

　同様に，監査チームによる職業的懐疑心の発揮は，ある監査の本質を規定する。それは，各監査判断の品質を規定し，そして，これらを通じて，監査に信頼を寄せる株主（およびその他の利害関係者）のニーズを満たす際に直面する諸問題に取り組む監査全体の有効性を規定するものである。職業的懐疑心の発揮の実質と知覚は，他の者が監査に寄せる信頼を規定し，支えるものであり，翻って彼らが監査済財務諸表に寄せる信頼性を規定し，支えるものである。

　上記の分析は，監査における職業的懐疑心の適切な発揮には，監査人が彼らの便益のために仕事をする株主（およびその他の利害関係者）の期待を反映する水準の疑念をもって経営者の主張に厳格に疑問を抱き，取り組む心持ちが必要であることを示唆するものである。監査の過程で下されるすべての判断は，株主（およびその他の利害関係者）の観点に基礎をおく

---

[9] リチャード・ドーキンス（Richard Dawkins）：「エデンの外の川：ダーウィンの進化論信奉者の生活観」（River Out of Eden: A Darwinian View of Life），1995 年 133 頁。

ものでなければならない。その心持ちは，監査人のリスク評価を踏まえて，株主（およびその他の利害関係者）が納得するような説得力のある—各監査判断を裏づける，そして，究極的には，財務諸表は，真実かつ公正な概観を与えるものであるという取締役会の主張を裏づける—ある種の確固たる証拠を必要とする。

分析によれば，適切な懐疑心を発揮した監査においては，以下のことが示唆される。

- 監査人のリスク評価の過程は，重要な虚偽表示の<u>リスクを積極的に探求する</u>ような経営者の主張に関する<u>批判的な評価</u>を伴わなければならない。これらは不正または誤謬により生じるかもしれないし，事業体の財政状態および財務業績の統制および報告に関する経営者のシステムの整備または運用の脆弱性（関連する問題が識別されないか，または，しかるべく統制または報告されないか，または整備が行われず，有効に運用されていないなど）[10] を反映するものかもしれない。
- 監査人は，経営者の目をとおしてではなく，自らの新鮮かつ独立した目をとおしてリスク評価を行うことを十分可能とするような，被監査会社の事業およびそれを取り巻く環境についての高度の水準の知識を蓄積している。
- このことは監査人が合意された見解に事情に精通した上で取り組むことを可能にし，確率は低いものの大きな影響を及ぼす事象が発生する可能性を検討することを可能にする。その代わりに，科学において「集団思考」の例である「仮説の偏向」として知られるリスクが生じる。

---

[10] このことは，監査人が実質的な方法を用いて，かかる制度のアウトプットを検証するのではなく，常に財務報告制度の運用の有効性を検証しなければならないということを示唆するものではない。

科学的知識と経験を得ようとする問題は，とりわけ，複雑な事業モデルとの関係において過小評価すべきではない。監査チームの伝統的なピラミッド構造は，常に妥当であるとはいえず，監査チームに経験豊富な企業人を含めるといったような別のモデルを探求することが必要とされるかもしれない。

- 監査人は，経営者の主張と一貫する経営者が識別した範囲の証拠を検討するだけでなく，経営者の主張に反するような何らかの証拠がある場合には，積極的に検討するために監査手続を策定する。懐疑心を発揮した監査の対極にあるものは，監査人が単に経営者の主張を合理的なものとし，文書化する監査である。
- 監査人は証拠に基づく判断を下す有能な技能をもっており，以下の事項に満足するまでは，財務諸表が真実かつ公正な概観を与えているか否かについての判断を留保する。

○十分な調査と検討が行われてきた。
○経営者の主張に関する十分な検証が行われてきた。
○結果として入手された証拠の質は，監査人によって批判的に評価され，十分に説得力あるものと判断された。そして，
○（別の評価基準のような）財務諸表における項目に関する妥当な代替的処理方法がある場合には，真実かつ公正な概観を与えるために，いずれが優れており，代替的処理方法に関する十分な開示がなされているかどうかに関する評価が行われてきた。

- 監査人は，監査判断および監査レビューの過程に，取り組みやすく，厳格に取り組んだことを示すような方法で取り組み，文書化する。
- 監査判断に関する監査人の文書化は，証拠の裏づけのない結論に係る

ものというよりは，証拠に裏づけられた確証的なものであり，そして，それゆえ，監査人の結論だけでなく，結論に至る理論的根拠も，元となる作業とレビューにおいて提起された問題の本質，入手した証拠の強さ，株主（その他の利害関係者）の見方に関連づけて，常に示される。監査人には，こうした作業を効果的に行うための論証に十分な技能が必要とされている。

第6節 監査人が適切な水準の職業的懐疑心を発揮するために必要な条件の整備

　適切な水準の職業的懐疑心を発揮することは，監査人の重要な技能である。経営者の主張に対峙する準備が監査人にできていなければ，会社の財務諸表が真実かつ公正な概観を示していると確信をもって立証することはできないであろう。

　APBは，監査の価値を示すためには，監査人は懐疑心を発揮した監査を実施し，監査において適切な懐疑心を発揮したことを監査調書に証拠として残し，監査委員会，そして究極的には株主（その他の利害関係者）にその旨を納得させなければならないと考えている。

　監査事務所にとっての課題は，必要な技能をもった人材を見いだし，育成し，保持し，しかるべく配置することである。また，職業的懐疑心が着実に醸成されるような環境づくりにも関与すべきである。

　懐疑心を発揮した監査の展望は，監査人が業務を行う環境についても理解され，監査において懐疑心が果たす重要な役割に対する支持が得られれば，明るくなるものと思われる。

　APBが検討したところによると，適切な水準の職業的懐疑心を発揮するために監査人にとって必要な条件には，以下のようなものが含まれる。

■個々の監査人

- 企業とその事業をよく理解すること
- 疑う心をもって,経営者の主張に果敢に取り組むこと
- 業務を遂行する中で入手した情報および説明を批判的に評価し,それらを実証すること
- 財務諸表の虚偽表示をしようとする経営者の動機を理解しようとすること
- 識別された異常値または虚偽表示の本質と原因を調査し,適切な監査証拠がないのに結論へと飛躍することを避けること
- 入手した他の証拠と矛盾する証拠に注意し,文書や調査に対する回答の信頼性を問題とすること
- 経営者に対峙でき,結論に至るまで物事を持続的に追い求めることができるという確信をもつこと。——経営者の主張に同意するように仕向けられたとしても,監査人は,代替的な見方を積極的に検討し,それらが適切ではないと主張する経営者と対峙しなければならない。

■監査チーム

- 事業に関する確かな知識および経験を有すること
- 現存の知識と関係にかかわらず,不正または誤謬により,経営者が虚偽表示をしようとするのはどのような環境においてであり,どのような方法によるかを積極的に検討すること
- 異常な事象または取引を識別する基礎を提供し,定期的に情報を共有するために,企業とその事業をよく理解すること
- パートナーとマネージャーは,リスク評価および実施すべき監査手続

の策定に積極的に関与する。一パートナーとマネージャーは，事業体および取り巻く環境に生じている変化について考慮し，それに応じた監査の検証方法を策定する。
- パートナーとマネージャーは，不正および関連当事者の悪用などによる事業体の財務諸表の重要な虚偽表示の行われやすさを議論するために監査チーム（audit team）の進捗会議を積極的にリードする形で参加する。
- パートナーとマネージャーは，監査中，他のスタッフと接触可能であり，適時に協議することを奨励する。
- 監査チームは，とりわけ，監査委員会に報告した主要な監査判断および結論を適切な水準の懐疑心を発揮して経営者に対峙したことを明確に示す方法で文書化する。特に，監査チーム（audit team）が経営者の主張に同意した理由は，適切な場合には，合理的に信頼できる代替的な見解の妥当性および採択されなかった理由を議論できるような方法で明確に示すべきである。
- パートナーとマネージャーは，監査チームの他のメンバーが実施した監査業務の妥当性および作成した監査調書の妥当性について，適切な場合には対面で，入念な検討とレビューを行うために必要な段階を踏むことを通じて，監査にいっそうの懐疑心を持ち込むべきである。

■監査事務所

- 監査事務所内の文化は，以下の事項の重要性を強調するものである。

○監査判断を下す際に被監査会社の株主（その他の利害関係者）の見方を理解し，追求すること

○適切な懐疑心を養成するように経験の浅いスタッフを指導すること
○むずかしい監査判断についての経験を監査事務所内で共有すること
○むずかしい監査判断について他の者と協議すること，および
○むずかしい監査判断を下し，伝える必要がある場合に，監査パートナーを支援すること

・懐疑心は，パートナーおよびスタッフの業績評価および報酬決定に用いられる監査事務所の研修および専門技能のフレームワークに組み込まれている。
・監査事務所には，監査チームの判断と結論を対象とする厳格な業務の品質管理レビューが求められる。
・監査事務所の方法論およびレビュー・プロセスでは，以下の事項の重要性が強調され，監査人に対する実務的な支援が提供されていること

○監査人が自らの新鮮な目をとおして，しっかりとしたリスク評価を行うことを十分可能とするような，事業体の事業およびそれを取り巻く環境について総合的な理解を深めること
○調査し，解決するのに十分な時間を確保するために計画策定の早期の段階で問題を識別すること
○異常な取引を識別するために，財務報告制度の規模および複雑性に見合うように厳格に段階を踏むこと
○監査における発見事項に応じてリスク評価，重要性基準および監査計画を変更すること
○監査判断の文書化を，証拠の裏づけのない結論に係る方法というよりは，証拠に裏づけられた確証的な方法で行い，そして，それゆえ，監査人の結論だけでなく，結論に至る理論的根拠も元となる作業とレ

ビューにおいて提起された問題の本質，入手した証拠の強さ，株主（その他の利害関係者）の見方に関連づけて示すこと
○財務諸表または関連する記述情報開示における会計処理または開示について，株主（およびその他の利害関係者）の見方が，事業体が採用したものと異なるものと監査人が考えるものに関して，監査委員会（またはガバナンスに責任を負う者）とともに問題を提起すること，および
○真実かつ公正な概観に関する監査人の検討を考慮した上で，株主（およびその他の利害関係者）に関連する開示が，当該環境において十分かつ適切であるように，かかる問題に関する開示が入念に評価されるようにすること[11]

■ **監査委員会および経営者の役割**

監査において適切な水準の職業的懐疑心が発揮されることを確保することは，監査人の責任であるものの，監査委員会および経営者は大きな影響を及ぼす役割を果たし得る。

監査委員会の役割は財務報告および（内部財務統制，外部監査人の独立性と客観性，監査プロセスの有効性を含む）関連するプロセスの誠実性を監督することを含むものである。この役割において，APBは，監査委員会が例えば，以下のようなことを通じて，外部監査において適切な職業的懐疑心が醸成されるように求めなければならないと考える。

---

[11] FRCの文書：真実かつ公正（*True and Fair*）—2011年7月 http://www.frc.org.uk/images/uploaded/documents/Paper%20True%20and%20Fair1.pdf 参照のこと。

- 監査人の取り組みに対して経営者およびスタッフの建設的な対応を誘発する事業体内における文化の形成を促進すること
- 監査人が事業および取り巻く環境について適切に理解したか否かおよびリスク評価を行う際にしかるべく事情に精通した新鮮な見方を提供したか否かを検討すること
- 経営者と監査人が議論の余地のある問題または重要な判断を伴う問題のいずれかを解決した場合には，そのことが監査委員会に注目されるようにすること，および
- 注目を引くようになった問題（経営者と監査人の立場が一致した問題を含む）との関係で，監査人によって適切な水準の取り組みがなされたか否かを理解しようとすること―例えば，特定の結論に至った監査人の理論的根拠，検討した代替案，代替案の中で特定の判断が最も適切であるとみなされた理由について説明を求めることによって。

　これは，とりわけ，年次報告書の誠実性に関する助言を示し，かかる責任および自らに託された（外部監査プロセスおよび外部監査人の任命に関する監視といった）他の側面に関する責任をどのように解除したかを説明するような，取締役会に関するより網羅的な報告書を監査委員会が作成すべきであると提案しているFRCの有効な会社の受託責任における提案[12]と整合するものとAPBは考えている。取締役会に関する提案とともに年次報告書においてこれらの問題を議論することで，監査において適切な問題意識と懐疑心を保持して，株主およびその他の利害関係者が最も関心を寄せる問題が取り上げられたことが年次報告書に示されるようになるという効果が確実にもたらされる。

---

12 http://www.frc.org.uk/about/effcompsteward.cfm 参照のこと。

第7節 諸課題の進展策

　本文書の主要な目的は，職業的懐疑心に関する APB の見解を説明し，質の高い懐疑心を発揮した監査を実施し，そのことを文書化し，示す際に，監査人がその原則を適用することを促進することである。また，APB は，職業的懐疑心の定義および本文書において引き出された結論に照らして，国際監査基準（International Standards on Auditing：ISAs）（英国および国際）および国際品質管理基準（International Standards on Quality Control：ISQC）第1号（英国および国際）において取り扱われてきた範囲および方法について検討した。

　これらの基準は，本文書において展開された職業的懐疑心に関する理解を支える多くの要素[13]を含んでいるが，監査人が基準に「書かれた文字」に準拠するのみで，真に懐疑心を発揮した監査を行わないことも可能となっている。APB は，これらの基準は，本文書に反映されている結論の一部をよりよく反映することでさらに改善する必要があるものと認識しており，職業的懐疑心の発揮，文書化および伝達に関してより明確になるものと認識している。

　したがって，これらの問題を進展させるに際して，監査人およびその他

---

[13] IAASB の「財務諸表監査における職業的懐疑心」（Professional Skepticism in an audit of Financial Statements）に関するスタッフ Q&A http://www.ifac.org/sites/default/files/publications/files/IAASB%20Professional%20Skepticism%20QandA-final.pdf 参照のこと。

の者に対して，監査の実施において職業的懐疑心を発揮する方法に一貫性を達成するような行動の段階的変化をつけることを奨励することを当面強調しなければならないと結論づけるものの，適当な時期に監査基準を改善することを国際監査・保証基準審議会（International Auditing and Assurance Standards Board：IAASB）に働きかける機会を模索することも意図している。

それゆえ，APBは，以下のことを提案している。

- 本文書において示された監査における職業的懐疑心の本質と役割について，利害関係者の議論を巻き起こし，認識してもらうこと
- 監査業界および監査事務所に対して，事業モデルおよび文化ならびに監査への取り組み方に関するこれらの結論の意味合いを検討し，彼らが識別する問題—専門的判断を下す際に，株主（およびその他の利害関係者）の観点を反映することの必要性を含む—に対応するために必要な変革を実行することを奨励すること
- 職業的懐疑心の適切な行使を支援するために彼らがなし得る重要な貢献に関して，彼らが認識し，行動することを奨励する監査委員会のメンバーおよび経営者とのこれらの結論を促進すること
- 財務諸表および年次報告書作成者に対して，監査の実施および監査において提起された問題に対応することに伴う重要な判断に関して開かれた形で意見交換し，検討することの便益を啓発すること，そして，
- ISA明瞭性プロジェクト後に実施されるレビューの一部として，これらの結論をより良く反映するように国際監査基準が開発される方法を識別することを視野に，本文書において示された結論を国際的に促進すること

財務報告評議会（FRC）
オールドウィッチ　ハウス　5 階
オールドウィッチ 71-91
ロンドン WC 2B 4HN
電話：+44 (0) 20 7492 2300
ファクシミリ：+44 (0) 20 7492 2301
ウェブサイト：www.frc.org.uk

© The Financial Reporting Council Limited 2012
The Financial Reporting Council Limited is a company limited by guarantee.
Registered in England number 2486368.
Registered Office: 5th Floor, Aldwych House, 71-91 Aldwych, London WC2B 4HN.

MAY 2013

An Analysis of Alleged Auditor Deficiencies in SEC Fraud Investigations: 1998–2010

Mark S. Beasley
North Carolina State University

Joseph V. Carcello
University of Tennessee

Dana R. Hermanson
Kennesaw State University

Terry L. Neal
University of Tennessee

2013年5月

SEC不正調査における監査人の不備疑惑に関する分析：1998年―2010年

- マーク・S・ビーズリー（Mark S. Beasley）
  ノースカロライナ州立大学
- ジョセフ・V・カルセロ（Joseph V. Carcello）
  テネシー大学
- ダナ・R・ハーマンソン（Dana R. Hermanson）
  ケネソー州立大学
- テリー・L・ニール（Terry L. Neal）
  テネシー大学

序

1. エグゼクティブ・サマリー

2. 調査方法

3. 結果

4. 意味合い

5. 要約

6. 調査チーム

付録

序

　本調査は1998年から2010年までに米国公開会社で発生した不正な財務報告の事例に関するSECの調査の中で，監査人に不備疑惑があったとされる案件について検討したものである。調査チームは，『不正な財務報告：1998年-2007年──米国公開会社の分析』(*Fraudulent Financial Reporting: 1998-2007, An Analysis of U.S. Public Companies*)（トレッドウェイ委員会支援組織委員会（COSO）刊，2010年）において識別された不正事例および2008年から2010年までに追加されたSECの執行措置を分析した。本調査報告書は，13年間にわたるSECの不正な財務報告疑惑の87件の事例に関する監査人の不備疑惑についての知見を提供している。

■調査チーム

執筆者
マーク・S・ビーズリー（Mark S. Beasley）ノースカロライナ州立大学
ジョセフ・V・カルセロ（Joseph V. Carcello）テネシー大学
ダナ・R・ハーマンソン（Dana R. Hermanson）ケネソー州立大学
テリー・L・ニール（Terry L. Neal）テネシー大学

■調査マネージャー

ローレン・リード（Lauren Reid）テネシー大学

■調査アシスタント

リア・ミュリエル（Leah Muriel）テネシー大学
ジョナサン・シップマン（Jonathan Shipman）テネシー大学
クイン・スワンキスト（Quinn Swanquist）テネシー大学

　本調査プロジェクトの資金は，監査品質センター（CAQ）から提供された。しかしながら，本ペーパーにおいて示された見解や本ペーパーの内容は，著者のものであり，CAQのものではない。

監査品質センター

2013年5月

　監査品質センター（Center of Audit Quality：CAQ）および公開会社の監査に携わるプロフェッションは，投資家の信頼を高めるために監査済財務諸表によって支えられる力強く健全な資本市場という目標を，学識経験者，監査委員会，投資家，作成者および規制当局と共有している。質の高い財務報告および監査の品質に対する多くの脅威の中で主要なものは，重要な財務報告不正のリスクである。

　2010年にトレッドウェイ委員会支援組織委員会（Committee of Sponsoring Organizations of the Treadway Commission：COSO）は，『不正な財務報告：1998年-2007年—米国公開会社の分析（*Fraudulent Financial Reporting：1998-2007, An Analysis of U.S. Public Companies*）と題する報告書を出版した。この調査は，米国証券取引委員会（Securities and Exchange Commission：SEC）の執行措置を検討し，不正な財務報告の本質，内容および特徴を分析するとともに，投資家や経営に及ぼすマイナスの影響について分析したものである。CAQは2010年報告書の作成者であったマーク・ビーズリー（Mark Beasley），ジョセフ・カルセロ（Joseph Carcello），ダナ・ハーマンソン（Dana Hermanson）およびテリー・ニール（Terry Neal）に対し，2010年調査報告書に掲載された執行措置の検討とSECが監査人または監査事務所に制裁措置を科した調査内容の記述的分析を委託した。著者たちは，調査期間を広げて2010年12月までの執行措置を調査対象とした。

1998年から2010年までの13年間に及ぶ調査期間にSECが公開会社における不正な財務報告疑惑に関連する事例として外部監査人に対して制裁措置を科した事例は87件あった。年間約9,500社がSECに財務諸表を提出している。87件のうち11件は，2003年以降，つまり，2002年7月のサーベインズ・オックスリー（SOX）法の可決後に発生したものである。しかしながら，違反行為が発生した時期とSECが執行措置を講ずる時期とには，タイムラグがあることを踏まえると，事例の件数は変わる可能性があることに留意すべきである。

　SECに毎年何千社もの公開会社が監査済財務諸表を提出することを考えると，SECが不正な財務報告の申立てをするのは，稀なことである。しかしながら，CAQは，このような状況を批判的にみることにより，将来に向けた貴重な教訓を得ることができると考えている。

　実際，本調査で重点がおかれている監査人がかかわる不正な財務報告を伴う監査の不備に関連する根本原因の原動力とされるものは，近年，会計プロフェッションとCAQがさらなる改善へ向けて努力を傾注してきた領域にある。CAQの関連する取り組みやプロジェクトとしては，職業的懐疑心および財務報告不正の抑止と発見に関する学術研究に対する助成金などがある（2010年に出版された『財務報告不正の抑止と発見 ― 行動綱領』（*Deterring and Detecting Financial Reporting Fraud—A Platform for Action*）ならびにCAQ, 財務管理者協会（Financial Executives International：FEI），内部監査人協会（Institute of Internal Auditors：IIA）および全米取締役協会（National Association of Corporate Directors：NACD）により2010年に旗揚げした主要かつ継続的な協同作業である反不正コラボレーション）。不

正抑止の取り組みを強化するために反不正コラボレーションによって最近出版された主要な資料としては，財務報告不正が蔓延する環境に対する関心を高めるために，架空の会社の重要な不正の可能性を調査した *Hollate Manufacturing Case Study* や外部監査人，財務担当役員，内部監査人および監査委員会メンバーによって行使される職業的懐疑心の重要性に焦点を当てた職業的懐疑心ウエビナーシリーズがある。

　要するに，不正を防止する特効薬はないが，われわれは，本調査が財務報告不正を抑止する取り組みの基礎知識を得る上で貢献すると考えている。公開会社の監査に携わるプロフェッション，CAQ および会員事務所は，財務報告サプライチェーンの他のメンバーとともに，不正リスクを軽減するためにさらなる努力を継続していく。

敬具

シンシア・M・フォーネリ（Cynthia M. Fornelli）

1. エグゼクティブ・サマリー

　本調査は，1998年から2010年までに米国公開会社の不正な財務報告疑惑がもたれた事例に関して，米国証券取引委員会（Securities and Exchange Commission：SEC）が監査人に科した制裁措置について検討したものである。この期間中，SECが制裁措置を科した事例は87件あり，本調査報告書は，SECによって監査人に不備疑惑があったとされるこれら87件についてのわれわれの分析を要約したものである。

　本調査報告書の結果を考察する際に，不正な財務報告に関するSECの申立ては稀であることを理解することは重要であり，米国の数千社の公開会社のうち1998年から2007年までにSECによって調査されたものは347件にすぎない[1]。不正関連のSECの執行措置の件数は少ないが，SECによる監査人への制裁措置に係るこれら87件を分析することで，とりわけ，不正による重要な財務諸表の虚偽表示を発見する際の監査の品質の向上に関して監査人やその他の者に重要な知見を与えるものと考えている。したがって，われわれは，これら87件の監査に関する主要な発見事項に焦点を当てることとする。

　主要な分析結果は以下のとおりである。
・1998年から2010年にかけてSECが不正な財務報告について監査人

---

[1] 例えば，「2006年中小規模公開会社諮問委員会の最終報告書」によると，2005年現在でニューヨーク証券取引所（New York Stock Exchange：NYSE），アメリカン証券取引所（American Stock Exchange：AMEX），ナスダック（National Association of Securities Dealers Automated Quotations：NASDAQ）および店頭取引（Over the Counter：OTC）の電子掲示板に掲示されている公開会社は9,428社ある。

に制裁措置を科した87件の調査事例を識別した。SECの調査対象のこれら87件の会社に関する入手可能な情報によれば，これらの登録会社は主として小規模な会社（各社の売上高と総資産の中央値は4,000万ドル未満）であり，主要な4業種に集中していた（40％超の会社が金融／保険業，一般製造業，通信業または消費財メーカーである）。

- 監査人がかかわったこれら87件のSEC調査事例に関する入手可能な情報によれば，直近の不正な財務諸表に対して表明された監査報告書の58％では，追加修正のない無限定適正意見が表明されていた。残りの42％の会社は直近の不正な財務諸表に対して無限定適正意見を受領していたが，当該監査報告書には会計方針の変更や継続企業の前提といった監査人が指摘した他の問題に関する説明区分が設けられていた。

- 調査の目的上，われわれは，ビッグ6／ビッグ4の国際事務所およびそれに次ぐ国際的なネットワークや全米規模の事務所を「全米規模の監査事務所」と分類した[2]。以下はわれわれが調査対象とした87件の概要である。

本調査報告書の分析対象のSEC調査事例総数	87
全米規模でない監査事務所がSECの制裁措置を受けた事例	46
全米規模の監査事務所がSECの制裁措置を受けた事例	35
監査人が監査手続を実施しなかった手抜き監査の事例[3]	6

---

2 ビッグ6／ビッグ4という用語を使っているのは，調査対象の13年間における事実を反映したものであり，6つの国際事務所（アーサー・アンダーセン，クーパース・アンド・ライブランド，デロイト・アンド・トウシュ，アーンスト・アンド・ヤング，KPMGおよびプライスウォーターハウス）があったが，1998年に，クーパース・アンド・ライブランドがプライスウォーターハウスと合併し，プライスウォーターハウスクーパースとなり，ビッグ5となった。2002年にアーサー・アンダーセンが廃業し，4大事務所（ビッグ4）となった。ビッグ4に次ぐ監査事務所には，グラントソントン，LLP，BDOサイドマン，LLP（現在はBDO），クロウ・チゼック，LLC（現在はクロウ・ハワース）およびマクグラドレー・アンド・ピューレン，LLP（現在はマクグラドレー）である。

全米規模の監査事務所がSECの制裁措置を受けた35件のうち，9件はアーサー・アンダーセンが監査を行っていた。6件は，監査人が財務諸表を作成していたかまたは有意義な監査手続を実施していなかったものである。これら6件を「手抜き監査」と称している。

- 監査人への制裁措置を含むSECによる会計監査執行通牒（Accounting and Auditing Enforcement Releases：AAERs）の中で，SECは，監査人が（a）反不正条項に違反（例：不正に加担）したか，または（b）不正の発生を許容する（監査人が積極的に不正に加担にしているわけではないが）不注意な監査を行った，と申し立てることが多い。調査した81件（上記の手抜き監査6件を除く）のうち，24件については，反不正条項に違反したとしてSECは監査人を告発した。残りの57件については，反不正条項とは関係のない監査の不備の指摘に留めている。
- 81件の中で，SECは80件については監査人個人に対して制裁措置を科し，27件については監査事務所に対して制裁措置を科した（26件は監査人個人および監査事務所双方への制裁措置，1件は監査事務所単独の制裁措置）。
- SECによれば，81件のうち上位5領域は，以下のとおりである。
    1. 十分かつ適切な監査証拠を入手しなかった（事例の73%）
    2. 職業的専門家としての正当な注意を払わなかった（67%）
    3. 職業的懐疑心の水準が不十分（60%）
    4. 経営者確認書に対する適切な証拠を入手しなかった（54%）

3　「手抜き監査」とは，監査人が財務諸表の作成または，有意義な監査手続を実施しなかったということを意味している。そのような事例において，実質的な監査を実施しないため，監査が「手抜き」であることを示唆している。

5. 適切な監査意見を表明しなかった（47%）
- 81件の大半は，複数の不備疑惑があった[4]。例えば，58件では上位3領域のうちの複数の指摘があり，42件では上位3領域すべてが指摘されていた。
- 不備とされる領域は，全米規模の監査事務所と全米規模でない監査事務所で非常に似通っている。上位4領域は（順位は若干違うものの）両者に共通しており，上位14領域のうち11領域の不備も，両者に共通している。

本報告書に収録されている発見事項に基づいて，4つの重要なテーマを中心に監査プロセスの意味合いを詳しく調査した。これを受けて，分析で明らかにされた4つのテーマのそれぞれに関連する課題についても詳しく調査した。

1. **職業的専門家としての正当な注意を払わなかった**：指摘された不備のいくつかは，監査人の側で監査において一般に期待されている手続を実施し，最大限の力を尽くして能力と勤勉さを発揮し，その責任を果たすことができなかったことを示唆している。このことは，監査プロセスの基本事項に関する研修や教育の機会を増やすことが必要であることを示唆している。また，監査実施にあたっての能力と勤勉さを強化するために，特定の監査業務における基本事項を実施する際に，失敗につながる根本原因をよりよく理解する追加的分析のための機会が必要であることも示唆している。
2. **職業的懐疑心の水準が不十分**：同様に，いくつかの調査事例では監査

---

[4] 本調査報告書全般にわたって，説明しやすくするために，「不備疑惑」という意味で「不備」という用語を使用している場合が多い。

人の考え方に影響を与える職業的懐疑心を適切な水準に保つ際の課題を浮き彫りにしている。興味深いことに，職業的懐疑心の概念は，長年にわたり監査基準に組み込まれている。しかしながら，監査人は，監査プロセスのさまざまな段階をとおして適切な職業的懐疑心の状態を維持することに葛藤する場合もあるかもしれない。このような問題意識こそ，研修を有意義なものとし，職業的懐疑心を一貫して行使することができない根本原因を理解するために本調査のような分析を行う動機づけともなるものである。監査プロセスがグローバリゼーションによって影響を受け続け，また，現在の監査専門家と違った形で職業的懐疑心を行使するかもしれない新しい世代の監査専門家が出現することにより，ますます実感するようになるであろう文化規範の違いにより，こうした問題が深刻化するかどうかを究明するための追加調査が必要である。

3. **リスクの識別および評価が不適切**：本調査で検討されたすべての事例は，不正な財務報告が発見されなかった事例にかかわるものであることを踏まえれば，本報告書において指摘された発見事項は，リスク評価プロセスともかかわりをもつものである。監査基準が何年もの間リスク・ベースであったことを考えると，全社的リスクマネジメント（ERM）の新興領域などのリスクマネジメント領域[5]の直近の発展により，リスクの識別と評価の課題に関連する多くの複雑さを浮き彫りにしている。識別可能なリスクアセスメントスキルを向上させることにより，監査の品質を高め，不正リスクの認識を高めることに役立つであろう。大学の学部や大学院の会計プログラムを含め，監査に携わるプロフェッションは，リスクの識別と評価の課題に関して監査業界をよりよく研修し，教

---

[5] 2010年8月に，公開会社会計監視委員会（Public Company Accounting Oversight Board：PCAOB）は，「リスク評価基準」として広く参照されている一連の8つの監査基準を公表した。当該基準は，2010年12月15日以後開始する事業年度の監査から適用される。

育するために，リスクマネジメントの他の領域で得られた最新の知見を利用したいであろう。
4. **識別されたリスクについて十分かつ適切な監査証拠を入手するための適切な監査対応がなされていない**：監査チームが識別し，文書化したリスクに照らし，十分かつ適切な監査証拠を入手するように監査人が，監査手続を修正することができないことがあった。この種の不備は，上記の3項目の懸念の結果かもしれないが，監査手続を潜在的リスクに適切に関連づけることができなかったことにより発生するかもしれない。先行研究ではこの種の関連づけはむずかしい課題であることが示されているので，おそらくはこのような関連の品質管理レビューを重視することは有効かもしれないし，この困難な関連づけの課題に円滑に取り組むために，新しいツールや技法が必要とされるかもしれない。このようなツールの使用に関する研修や教育も同様に必要とされよう。

次節では，調査方法について検討し，3節では分析の結果を提示する。4節では分析の意味合いを明らかにし，5節では調査チームの略歴を紹介する。付録では本モノグラフに示された表の基礎にある詳細な発見事項を提示する。

2. 調査方法

　本調査で対象とした不正な財務報告の事例の情報源は2つある。第一に，「不正な財務報告：1998年-2007年　米国公開会社の分析」（*Fraudulent Financial Reporting：1998-2007, An Analysis of U.S. Public Companies*）（トレッドウェイ委員会支援組織委員会（COSO）刊，2010年，Beasley, Carcello, Hermanson, Neal著『COSO報告書』）[6]におけるわれわれの調査の一環として，SECが不正な財務報告疑惑としたもので，監査人に対する制裁措置を伴うもの78件を識別した。これら78件は，『COSO報告書』により検討された不正関連事例の23％を占めている。本調査では，負債証券は発行しているものの持分証券は発行していない3社を分析対象から除外し，残りの75件の『COSO報告書』の調査対象について分析を行った。第二に，2008年から2010年までのSECの会計監査執行通牒（Accounting and Auditing Enforcement Releases：AAERs）を分析し，SECが不正な財務報告疑惑としたもので，監査人に対する制裁措置を伴うもの12件をさらに見いだした。合計で87件のこれらの不正な財務報告疑惑の事例が本調査の対象である。

　不正な財務報告疑惑の事例を識別するにあたり，言葉づかいや疑義に該当するかはAAERsに依存しており，反不正条項（1934年証券取引所法規則10（b）-5または1933年証券法17（a）節）に違反したとSECが申し立てた事例に限っている。われわれはSECの不正の申立てについては何ら判断をしておらず，AAERsに記録された不正な財務報告の存在についての

6　COSO調査報告書の全文のダウンロードは，www.coso.org.

SECの判断に従っただけである。それからわれわれは，SECによる不正な財務報告の根本原因の調査に関連して，SECが監査人に制裁措置を科した一部の事例について検討した。本調査において検討した87件は，SECの登録会社に対する不正な財務報告疑惑に伴い，財務諸表の監査に関連してSECが監査人の不備を申し立てた案件である。それゆえ，検討した87件は，すべて登録会社が不正な財務諸表を公表したとして告訴された事例である。

本調査において，われわれは，SECがAAERsにおいて監査の不備疑惑としたものに特に焦点を当てて，87件の事例のデータを収集し，合成している。われわれは，監査の不備に関するAAERのデータの収集と分析の指針となる詳細なテンプレートを開発し，本調査対象の87件の事例の情報を合成した[7]。

さらに，調査チームは87社について基本的な会社の特徴（財務情報と業種）に関する入手可能な情報を収集した。こうした情報を入手しようと調査チームは，SECのEDGARデータベースの様式10-Kの他に，COMPUSTATやシカゴ大学証券価格研究センター（Center for Research in Security Prices：CRSP）データベースも利用した。不正な財務報告の事例の検討に係る先行調査研究と同様に，われわれのサンプルにおいても何社かにおいてさまざまなデータが欠損しているが，多くは極端に小規模な会社であり，外部のデータベースによる追跡ができないことや，調査対

---

[7] このテンプレートは，監査人に対する不正に関連するSEC執行措置：1987年-1997年（Fraud-Related SEC Enforcement Actions Against Auditors：1987-1997）（AICPA，2000年，ビーズリー，カルセロおよびハーマンソン（Beasley, Carcello, and Hermanson））の作成で使用された旧テンプレートをもとに，修正を加えたものである。

象とした期間を理由とするものである。サンプル会社は，不正な財務報告に関与した疑いのある会社であり，一部の書類をSECに提出していないことに留意することは重要なことである。結果として，当該会社の基礎データを検索できたものに限って会社の特徴を示している。本調査報告書に収録されている表ごとに，関連データを検索できた数を示している。

　SECのAAERsは，不正な財務報告だけでなく，不正な財務報告の事例に関連する監査人の不備についての豊富な情報源として，学術研究や専門的調査に広く利用されている。AAERsを利用するのは，一面では，不正関連の会計や監査の品質を測る公開情報が他にはないためである。しかしながら，明らかにしておくべき3つの重要な制約がある。第一に，AAERsの分析には重要な専門的判断が伴うのが一般的である。われわれは，プロジェクト中に数多くの判断について調査チーム内で協議し，一貫した判断を下そうとしてきた。第二に，データは，AAERsの中でSECのスタッフによって文書化されたSECの執行プロセスの結果に依存している。AAERsによって提供される詳細さの程度は，SECの調査により大きく異なり得る。それゆえ，SECの執行プロセスに不完全さやバイアスが存在するかぎりは，AAERsの中で発見事項がどのように文書化されるかも含めて，このような不完全さやバイアスが本調査の結果に影響を与えることになるかもしれない。例えば，SECと名前をあげられた当事者との交渉内容は，最終的にAAERsに収録される情報の量と種類に影響を与えるかもしれないし，それにより，AAERs全体の報告の統一性を欠くことになるかもしれない。最後に，AAERsは，監査人の不備の疑惑を示しているが，専門家としての監査人および／または監査事務所は，当該疑惑を肯定も否定もしないのが一般的である。結果として，われわれの目標は，SECにより検討されたこれらの事例における監査人の相対的なパフォーマンスについて読者自身の

結論を下す際に知見を提供するために，AAERs の中で SEC が要約した内容を示すことである。

3. 結果

■会社の特徴

調査対象会社の財務上の特徴

われわれは，1998年から2010年までに監査人に対し制裁措置を科すに至ったSECの不正な財務報告の調査案件87件を識別した。調査対象会社87社について，不正が行われた期間以前に公表された最後の年次財務諸表として定義される「直近の無限定適正意見の付された」財務諸表を用いて，財務データの収集を試みた。

87社のうち67社について，関連する財務諸表情報を検索した。表1はこれら67社の財務概要を示したものであり，監査人の不備疑惑に係る本調査の分析の基礎にある公開会社の規模に関して，読者に何らかの大局的視点を提供するものである。会社規模のばらつきを踏まえると，表1におけ

表1 「直近の無限定適正意見の付された」財務諸表に基づく会社の財務上の特徴（会社数＝67社）

	総資産	総売上	純利益（損失）	株主持分（欠損）
平均値	4,598,154ドル	2,505,462ドル	139,765ドル	1,352,163ドル
中央値	37,906ドル	28,900ドル	351ドル	14,135ドル
最小値	0ドル	0ドル	(852,241ドル)	(1,253,881ドル)
第1四分位数*	6,275ドル	1,030ドル	(673ドル)	108ドル
第3四分位数	911,083ドル	472,778ドル	17,282ドル	278,635ドル
最大値	98,903,000ドル	39,090,000ドル	4,089,000ドル	55,409,000ドル

＊最小値から4分の1のところの四分位数を第1四分位数，4分の3のところの四分位数を第3四分位数という。

訳注：表1について原著はドル単位であるが，1000ドル単位の誤りと思われる。

る中央値に着目するのが最も有意義である。これらの会社は，総資産と売上高の中央値が4,000万ドル未満の比較的小規模な会社である。さらに，多くの会社の収支はおおむねトントンであり，純利益の中央値は351,000ドルにすぎない。平均値と中央値との大きな差は，調査対象会社の中にきわめて大規模な会社が数社あることを示している。

表2は，調査対象会社87社中，信頼し得る情報を検索することができた69社に関する産業別情報を示したものであり，本分析に収録された会社の所属する業種の概観を読者に提供するものである。広範な業種にわたっているが，金融業と一般製造業の会社数が他の産業部門よりも若干多い。

表2　調査対象会社の所属する業種（会社数＝69社）

業　種	会社数	百分率
金融業および保険業	8	11.6%
一般製造業（消費財製造業またはハイテク製造業を除く）	8	11.6%
通信業	7	10.2%
消費財製造業	6	8.7%
小売業	5	7.2%
卸売業	5	7.2%
鉱業／石油・ガス業	4	5.8%
コンピュータ・ソフトウェア・サービス業	4	5.8%
医薬品および医療サービス業	4	5.8%
その他サービス業	4	5.8%
ハイテク製造業	4	5.8%
運輸業／衛生サービス業	2	2.9%
その他／コングロマリット／ペーパーカンパニー	8	11.6%
合計	69	100.0%

監査報告書

データ収集作業の一環として，われわれは，直近の不正な財務諸表に対して公表された監査報告書を収集し，74社の監査報告書を検索することができた。表3に示すように，過半数の監査報告書（58％）は，無限定適正意見の付された標準監査報告書であった。42％の監査報告書には，無限定適正意見が付されていたが，会計原則の変更または継続企業の前提の問題を主に強調するために標準監査報告書に修正が加えられていた。

表3 直近の不正な財務諸表に対する監査報告書（会社数＝74社）

監査報告書の種類	社数	百分率
無限定適正意見が付された標準報告書	43	58%
修正報告書		
会計原則の変更	10	14%
継続企業の前提	9	12%
未監査に言及した表，文章，区分の注記あり	4	5%
投資評価額や国際会計基準と米国会計基準（USGAAP）との差異をめぐる論点などのその他の説明区分のあるもの	3	4%
修正再表示に関する注記あり	2	3%
利用可能な具体的情報なし	3	4%
修正報告書の合計	31	42%
検討可能な監査報告書の数	74	100%

会社の特徴と監査報告書―2010年『COSO報告書』との比較

準拠枠を提供するために，本調査における会社（不正な財務報告疑惑の事例に関連して監査人に制裁措置が科せられた87社）と『不正な財務報告：1998-2007―米国公開会社の分析』（*Fraudulent Financial Reporting: 1998-2007, An Analysis of U.S. Public Companies*）（COSO, 2010年）における検討対象の不正が行われた347社とを比較した。COSOの調査では，監査人に対する制裁措置の有無にかかわらず，1998年から2007年までに

SECにより不正な財務報告疑惑があるとされたすべての事案が検討された。これら2つの調査の主な相違は，会社の規模に関係している。COSOの調査では，会社の総資産と売上高の中央値は，それぞれ9,300万ドルと7,200万ドルであるのに対して，本調査では，それぞれ3,800万ドルと2,900万ドルである。それゆえ，本調査の対象である（監査人に制裁措置が科された）SEC登録会社は，きわめて小規模な会社である。産業部門のグループ分けが2つの調査において若干相違しているが，COSOが調査対象とした会社と比較して，本調査の対象会社は，小売業／卸売業および金融業／保険業に若干集中しており，コンピュータ・ハードウェア／ソフトウェア業および医療サービス業にはそれほど集中していないようである。最後に，直近の不正な財務諸表に対して表明された監査意見は，COSOの調査（43％）と比較して，本調査（58％）では，何ら修正の加えられない無限定適正意見となる傾向があった。

■監査不備疑惑

不正に対する監査人の関与疑惑

表4は，監査人の不備の種類別と監査事務所の種類別に基づく87件の事例の概要を示したものである。87件のうち6件は「手抜き監査」であり，監査人が財務諸表を作成したり，十分な監査手続を行わなかったものである。それ例外の81件は，監査は行われたものの不備疑惑があるとされたものである。これら81件の事例のうち，35件は，全米規模の監査事務所の監査人が関与したものであり，46件は，全米規模でない監査事務所の監査人が関与したものである。

表4　監査人の種類別による監査人の関与疑惑（会社数＝87社）

事例の種類	全米規模の監査事務所の監査人の名前があげられた事例数	全米規模でない監査事務所の監査人の名前があげられた事例数	合計
手抜き監査	0	6**	6
監査は行われたものの不備あり	35*	46***	81
合計	35	52	87

*　35件のうち9件は，2002年に公開会社に対する監査業務を中止したアーサー・アンダーセンにより監査が実施されたものである。また，当該35件には，全米規模と全米規模でない監査事務所とにより行われた共同監査1件が含まれている。（全米規模の監査事務所のみがSECに罰金を支払ったため）本件は，全米規模の監査事務所の案件としている。

**　不正な財務諸表が複数年度にわたって2つの異なる監査事務所に「監査されていた」ため，全米規模でない2つの監査事務所の名前があげられた案件1件あり。

***　一般に不正が複数年度にわたり，不正が行われていた期間中に監査人の交替があったために，全米規模でない監査事務所の名前が複数あげられた案件4件あり。

手抜き監査

　表5は，基本的な監査手続がまったく行われない「手抜き監査」の事例6件について要約したものである。これらの事例の結末のほとんどは，監査人に対する不正容疑（4件），監査報酬請求で通常獲得した利得[8]の強制返還と利息の支払い（各4件）およびSEC業務の停止（4件）となっている。2件では民事制裁金が課せられ（合計255,000ドル），1件では監査人が刑事告発され，18か月服役した。

8　SECは，不正利得の「吐き出し」という用語を使っている。

表5 手抜き監査(会社数=6社)

項目	結果
監査人に対する不正容疑	4件(監査人による反不正条項(規則10(b)-5)違反)
監査報酬受領に一般に関連する利得の監査人による吐き出し	4件(合計96,500ドル)
監査人による判決前利息の支払い	4件(合計ほぼ35,000ドル)
SEC業務の停止	4件(永久業務停止1件,業務停止4年1件,業務停止3年2件)
監査人による民事制裁金の支払い	2件(合計255,000ドル)
刑事告発	1件(18か月の服役と出所後2年間の保護観察)

実際の監査における監査不備疑惑

残りの81件は,実際に監査は実施されたが,SECが監査に不備があったと申し立てたものである。これら81件を分析した結果を以下の表に示す。

- 表6 実際の監査と制裁措置の概要(会社数=81社)
- 表7 実際の監査における主な不備(会社数=81社)
- 表8 全米規模の監査事務所により実施された実際の監査における主な不備(会社数=35社)
- 表9 全米規模でない監査事務所により実施された実際の監査における主な不備(会社数=46社)
- 表10 SECに指摘された監査人のその他の不備(会社数=25社)
- 付録 監査領域別の監査不備疑惑の詳細なリスト(会社数=81社)

表6は,実際に実施された81件の監査の概要を示したものである。このうち24件は,SECがSEC反不正条項(規則10(b)-5)違反により監査人を告発したものである。これら24件中9件は,全米規模の監査事務所に対するもので(9件中6件は,アーサー・アンダーセンに対するものであ

表6 実際の監査と制裁措置の概要(会社数=81社)

項　目	結　果
違反の種類	反不正条項(規則10(b)-5)違反　24件: 　対全米規模の監査事務所9件(うち6件は対アーサー・アンダーセン) 　対全米規模でない監査事務所15件 監査における過失　57件: 　対全米規模の監査事務所26件(うち3件は対アーサー・アンダーセン) 　対全米規模でない監査事務所31件
制裁措置:監査事務所か個人か	監査人個人のみ制裁54件 監査人個人と監査事務所の双方に制裁26件 監査事務所のみ制裁1件
SEC業務停止となった監査人	73件(永久業務停止19件,その他は業務停止6か月から10年,平均約3年の業務停止)
民事制裁金	16件(制裁金総額9,200万ドル超,2万ドルから5,000万ドルの範囲で平均580万ドル,中央値687,500ドル)
利得の強制返還	10件(強制返還金総額1,060万ドル超,3,000ドルから980万ドルの範囲で平均110万ドル,中央値43,598ドル)
刑事告発	1件(記録の改ざん)
不正発生前2年間または不正期間中における監査事務所の変更	判断するのに十分な情報のある監査事務所の変更は,56件中15件(27%)で発生
新興企業または当該監査が初度監査	13件(16%)
元監査人が当該会社のCEOまたはCFOとして勤務	1件(CEOやCFOなど当該会社の経営者の多くが元監査パートナーであった)

る),15件は全米規模でない監査事務所に対するものである。他の57件は,監査における過失疑惑であり,このうち26件は全米規模の監査事務所に対するもので(26件中3件はアーサー・アンダーセンに対するものである),31件は全米規模でない監査事務所に対するものである[9]。

---

[9] ここで,例えば,「全米規模の監査事務所」とは,SECが全米規模の監査事務所または当該事務所に所属する個々の監査人に制裁措置を科したことを意味している。事務所に対する制裁か個人に対する制裁かの詳細情報については,表6の右欄を参照のこと。

SEC不正調査における監査人の不備疑惑に関する分析：1998年―2010年

監査人個人と監査事務所の双方に制裁が科されたのは26件であったが，過半数の事例（54件）では，監査人個人のみに制裁が科された。監査事務所のみ制裁が科されたのは1件だけであった。

罰則に関しては，最も典型的な罰は，監査人のSEC業務の停止であった（73件）。19件は永久業務停止で，その他は平均約3年の業務停止であった。民事制裁金（16件，制裁金総額9,200万ドル超）および利得の強制返還（10件，強制返還金総額1,060万ドル超）は，ごく稀であった。記録を改ざんしたために監査人が刑事告発に至った案件が1件あった。

最後に，われわれは，監査契約上のいくつかの特徴に関する情報を収集した。情報入手可能な案件において，不正発生の2年前から不正期間終了までの間における監査事務所の交替があったのは，27％であった。また，13件（16％）は，会社設立後間もないか，当該監査契約が初度監査となるものであった。元の監査事務所の担当者が当該会社のCEOおよびCFOとして採用されていた案件であると，AAERsが明確に指摘している案件が1件だけあった。

表7は81件の実際の監査事例のうち，SECにより明示的に指摘された16の主な監査の不備を示したものである[10]。われわれは，監査人の不備についてSECにより提供された開示情報から可能なかぎり情報収集を行った。不備に関するSECの記述が，相当広範囲におよび，多くの監査プロセスに関係している事例もあれば，より具体的に記述されている事例もある。

---

[10] われわれは最頻出の不備（81件のうち10件超の事例で指摘された不備）を強調するために，上位16位の不備を示すことを意図的に決定した。

われわれは，可能なかぎり，執行措置に関連する SEC の開示情報から監査における不備についての情報を収集しようとした。しかしながら，われわれは，AAERs において SEC が記述した監査の不備についてのみ取り上げていることに留意されたい。

　関連する AAERs において SEC が言及した監査における不備のうちの上位 3 項目は，(a) 十分かつ適切な監査証拠を入手しなかった (73％)，(b) 職業的専門家としての正当な注意を払わなかった (67％)，(c) 職業的懐疑心の水準が不十分 (60％) である。これらの各項目は，10 項目の一般に認められた監査基準 (GAAS) のフレームワークのうちの一般基準に関連する不備を反映したものであり，当該一般基準は，職業的専門家としての正当な注意および職業的懐疑心を行使して，入手，評価された監査証拠に基づいて構築された監査プロセスの基礎を確立するものである。

　81 件の多くは，複数の不備をあげている。例えば，66 件では，上位 10 項目うちの 2 項目以上の不備をあげており，60 件では 3 項目以上，56 件では 4 項目以上である。同様に，58 件の事例では，上位 3 項目の不備から 2 項目以上，42 件では上位 3 項目の不備すべてをあげている。

　表 7 の上位 3 項目の不備は，10 項目の GAAS 基準のフレームワークの中の 3 項目の一般基準に関連する問題を取り上げている。SEC は，監査人の専門性や正当な注意の欠如についての包括的な所見を指摘する際に，監査基準書 (SAS) または関連する PCAOB 監査基準違反に具体的に言及することなく，これら 3 項目の不備を指摘する場合が多い。換言すれば，具体的な SAS や関連する PCAOB 監査基準を遵守しないことは，自動的に GAAS のフレームワークの一般基準違反も引き起こすことになる。それゆ

表 7 実際の監査における主な不備（会社数 = 81 社）

問題領域	事例の百分率（件数）
1. 十分かつ適切な監査証拠を入手しなかった	73%（59）
2. 職業的専門家としての正当な注意を払わなかった	67%（54）
3. 職業的懐疑心の水準が不十分	60%（49）
4. 経営者確認書に関連する適切な証拠を入手しなかった	54%（44）
5. 適切な監査意見を表明しなかった	47%（38）
6. GAAPの要件の誤った／整合性のない解釈または適用	37%（30）
7. 不正リスクの検討が不適切	33%（27）
8. 計画と監督が不適切	31%（25）
9. 監査リスクおよび重要性への対応が不適切	21%（17）
10. 監査調書の作成および保存が不適切	20%（16）
11. 監査委員会とのコミュニケーションが不適切	17%（14）
12. 主要な関連当事者に関する開示の理解／確認が不適切	15%（12）
12. 評価されたリスクに対応する監査手続が適切に実施されていない	15%（12）
12. 確認手続が不適切	15%（12）
12. 開示の適正性の評価ができていない	15%（12）
16. 内部統制への過度な依拠，内部統制に対する理解が得られていない，事業体とその環境に対する理解が得られていないなどの内部統制に関連する問題	14%（11）＊

＊ 付録では内部統制に関連する監査の不備の数は12であるが，1事務所については，これらの不備が2つ指摘されている。それゆえ，本表では，内部統制に関連する問題が指摘された事例の合計数を示している。

注：複数の問題領域が同じ発生率であった場合，それらを同順位で示している。例えば，上記に示された上位16の不備の順位表において，12位には，4項目の問題領域が同順位となっている。

え，これら3項目の不備が調査した81件の事例で最も多く指摘されていることは驚くべきことではない。

これらの3項目の包括的な不備に関連して指摘される懸念についての知見を提供するために，われわれは，AAERsでSECが指摘した基本的な監

査の不備について，いくつかの例を示している。これらの基本的な不備の詳細なレビューにより，監査人が職業的専門家としての正当な注意を払っていないことや職業的懐疑心の一般的な水準が適切に保持されていないことが，財務諸表の金額を裏づけるのに十分かつ適切な監査証拠を監査人が入手できないことに繋がるという一般的な問題があることが示唆された。それゆえ，これら3項目の不備を一緒に検討することは有用である。

以下は，十分かつ適切な監査証拠を入手しなかった例である[11]。

- 監査事務所は，経営者と監査委員会に事前に連絡をし，経営者による棚卸残高の包括的分析について懸念を表明し，期末の帳簿棚卸高と実地棚卸高に重要な差異があることを指摘していたにもかかわらず，当該監査事務所は，滞留在庫や在庫の陳腐化を分析する際に，経営者の在庫報告書を過度に信頼し，報告書の信頼性をテストしなかった。
- 監査事務所は，財務諸表残高の確定に用いられる基礎となる見積りを確かめず，かかる見積りにバイアスがある可能性について懸念が指摘されても，用いられた見積りについての追加的な証拠を入手しなかった。
- 監査事務所は，ソフトウェアの評価計算に用いられた価格を実証しなかった。
- 監査事務所は，確認状の回答に曖昧な情報が含まれていた際に追加手続を実施しなかった。また，同じ監査において当該監査事務所は，棚卸資産の陳腐化に対する引当金を実証する裏づけとなる証拠の入手を行わず，経営者による収益の計算を実証しなかった。代わりに，当該監査事務所は経営者確認書に依拠した。

---

11 これらの例を記述するために使用された用語は，関連するAAERsから編集したものであるが，必ずしもAAERにおける用語を正確に引用したものではない。

以下は，職業的専門家としての正当な注意を払わなかった例である。
- 被監査会社の会計実務が「非常に攻撃的（aggressive）」で「普通でない」と文書化されているにもかかわらず，監査事務所は，これらの指摘されたリスクの問題に照らして監査手続の修正を行わなかった。
- 監査事務所は，監査の計画や適切な監督をせず，基本的な監査リスクの検討をしなかった。
- 被監査会社に対して，財務諸表の重要な金額を裏づける資料を示すように要求したが，経営者が当該資料は利用できないと主張した際に，監査事務所は追加的な監査手続を実施しなかった。
- 監査事務所は，事業年度末をすぎても被監査会社の会計帳簿が締め切られていないことを示す複数の資料があっても，職業的専門家としての正当な注意を払わず，また，当該監査事務所は，被監査会社が減価償却費を計上しなかったことを見逃した。

以下は，職業的懐疑心の水準の保持が不十分であった事例である。
- 監査人は，被監査会社により偽装された可能性があると疑っている資料について評価をせず，これらの資料の信憑性について質問をしなかった。
- 多くの重要な虚偽表示のリスクに対して監査人の職業的懐疑心を高めるべき多くの要因に直面しているにもかかわらず，監査人の手続は，これらのリスクの懸念に照らして修正されたようにはみえなかった。
- 監査人は，勘定の評価が過大であることを示唆する情報に対応せず，また，経営者確認書の検証を行わなかった。
- 監査事務所は，数多くの警告や不整合に対応せず，多くの監査プログラムの具体的な手順を無視した。

表7の残りの項目は，より具体的な監査上の問題を一般的に反映したものである。4番目に多い不備は，経営者確認書に関連する適切な証拠を入手しなかったものである（54%）。このような場合，SECは，監査人が，適切に裏づける証拠なしに，経営者の説明や経営者確認書に過大な信頼を寄せすぎたと申し立てる。この不備疑惑に関して，SECにより監査の失敗と指摘されている例には以下のようなものがある。

- 経営者が棚卸資産の帳簿残高と実際有高との間の不一致について説明をしているが，監査人はこの調整を裏づける証拠を要求しなかった。
- 監査人は，重要な見積りについての経営者確認書を信頼し，未請求債権残高の発生額についての口頭の説明を信頼していた。
- 上層部による会計記録を裏づける経営者の推測について，監査人は検証していなかった。

　5番目に多い問題は，適切な監査意見を表明しなかったものである（47%）。付録で示されているとおり，これらの事例の過半数は，財務諸表がGAAPに準拠しておらず，監査人がGAASに準拠していなかったのに，監査人が無限定適正意見を表明したというものである。このような不備は，監査における他の基本的な不備により引き起こされる包括的な不備としてSECにより指摘される場合が多い。AAERでSECがこの不備を申し立てている監査の失敗例には，以下のような状況がある。
- 監査人は，重要な買収に関する会計処理が完了していないことを認識していたにもかかわらず，無限定適正意見を表明した。
- 監査人は経営者の文書による説明を実証せず，売掛金の大半について裏づけ資料がないことを認識しており，重要な監査範囲の制約があったにもかかわらず，監査人は監査報告書を修正しなかった。

6番目に多い問題は，GAAPの要件の誤った／整合性のない解釈または適用であり（37％），専門的な会計の問題を反映している。付録に記載のとおり，30件のうち10件は収益に関係するもので，不正事例の母集団において収益の過大表示が支配的であることと整合している（『不正な財務報告：1998年-2007年—米国公開会社の分析』(Fraudulent Financial Reporting：1998-2007, An Analysis of U.S. Public Companies)）。保証引当金などの引当金は4件あった。残りの数件は，次のような領域であった（各2件）。負債，リストラ費用／非経常的費用，資本化費用，繰延税金，林業／不動産および買収。

　SECは不正リスクの検討が不適切として，事例の33％を指摘している（7番目に多い問題）。不正リスクの観点で，監査人は，認識された警告やその他の被監査会社のリスクを無視したり，適切に対応しないかもしれない。SECがこの不備を指摘する状況例は，以下のようなものである。
- 不正リスクを評価するために監査人が取った唯一の行動は，CFOおよび不正に関する知識を有しているか否かにかかわらず発行会社のその他の経理スタッフに対する質問であった。
- 事業年度末日に多額の売上があったことを知った監査人が監査手続を修正しなかったなど，重要な不正リスクに適切に対応しなかった。
- 不正による重要な虚偽表示のリスクを評価する手続が，監査報告書の発行3か月後に監査調書に記載された。

　SECは，計画と監督が不十分として，事例の31％を指摘している（8番目に多い問題）。計画と監督に関連する不備の4件は，監査計画を記載しなかったという基本的なものであった。この問題に関係するその他の不備の例には，以下のようなものがある。

- 監査パートナーは，監査を実施する人物の監督を行わなかった。また，当該人物は会計士ではなく，監査の経験もなかった。
- パートナーの関与は最小限で，米国の東海岸にいる監査スタッフを西海岸にいる監査マネージャーが電話で監督していた。監査業務のレビューを求められた別のマネージャーは，当該監査に従事したことがなく，被監査会社の業務や監査の問題に関する知識がなかった。
- シニアスタッフにより作成された監査調書には，計画区域やリスクの高い勘定科目が記載されていたが，レビューされなかった。

9番目に多い不備は，監査リスクおよび重要性への対応が不適切であるというものであった。典型的な不備には，以下のようなものである。
- 監査事務所は，計画された監査対応が一定の監査リスク領域に対して実施されることや監査先に直接関与しない他のパートナーや特別レビューパートナーを高リスク被監査会社に有効に機能させることを確保するための適切な事後手続を実施していなかった。
- 監査人は被監査会社の内部統制を理解しておらず，監査リスクを的確に識別していなかった。また，インターネットから取得した一般的な監査計画に従っていた。

10番目に多い不備は，監査調書の作成および保存が不適切であることに関連したものであった。明らかにされた事例は以下のようなものである。
- 監査が完了してから約1年後の監査事務所に対する訴訟提起後に，不備を隠すために監査事務所の職員が監査調書に追加的な記載を行った。
- どのような監査手続が実施され，どのような結論に至ったのかを監査調書で確認することができず，監査調書には財務諸表と調整を行った

会計記録が示されていなかった。

付録に示されているように，16件のうち7件の事例は，意図的な改ざんおよび／または監査調書の破棄など監査調書に関連したものであった。

表7の残りの個別問題として指摘されているものは，81件の事例のうち17％以下のものである。これらは，監査委員会とのコミュニケーション，関連当事者取引，評価されたリスクへの対応，確認状，開示の評価および内部統制関連の問題に関係している。

1998年から2010年までの調査対象期間で，2002年7月のサーベインズ・オックスリー（SOX）法可決後の2003年以降の不正な財務報告に関係している事例は11件だけであった。11件のうち1件の監査は，全米規模の監査事務所により実施されたものであり，10件は全米規模でない監査事務所により実施されたものであった。当該発行会社の中央値（総資産540万ドル，売上高1,070万ドル）は，表1で示された全サンプルより小さいものであった。11件のうち1件のみが，財務報告に係る内部統制の監査が要求される早期提出会社であった。当該事例の財務報告に係る内部統制に関する監査人の意見は無限定適正意見であった。SOX法以降のサンプルは非常に少ないが，これら11件の不備を分析した。その結果は，表7に示されているものと非常に類似している。SOX法以降のサンプルに関連する13件の不備のうちの11件は，表7でも登場している。サンプル数が少ないこととSECの執行措置が講じられるまでにはタイムラグがあることを踏まえて，これらの発見事項を注意深く解釈されるよう注意されたい。

表8と表9は，全米規模の監査事務所による監査35件（表8），および全米規模でない監査事務所による監査46件（表9）における，主要な14

件の不備[12] を示している。全米規模の監査事務所と全米規模でない監査事務所との被監査会社の数や監督上の課題は非常に異なるものの，2つの監査事務所グループの結果は，多くの面で非常に類似している。上位4位までの問題は，2つの監査事務所グループで（順位は若干異なるものの）同

表8　全米規模の監査事務所により実施された実際の監査における主な不備（会社数＝35社）

問題領域	事例の百分率（件数）
1. 職業的専門家としての正当な注意を払わなかった	69%（24）
2. 十分かつ適切な監査証拠を入手しなかった	66%（23）
3. 職業的懐疑心の水準が不十分	60%（21）
4. 経営者確認書に関連する適切な証拠を入手しなかった	51%（18）
5. GAAPの要件の誤った／整合性のない解釈または適用	49%（17）
6. 適切な監査意見を表明しなかった	43%（15）
7. 不正リスクの検討が不適切	34%（12）
8. 計画と監督が不適切	23%（8）
8. 評価されたリスクに対応する監査手続が適切に実施されていない*	23%（8）
8. 監査調書の作成および保存が不適切	23%（8）
8. 開示の適正性の評価ができていない*	23%（8）
12. 監査委員会とのコミュニケーションが不適切	20%（7）
12. 監査リスクおよび重要性への対応が不適切	20%（7）
14. 内部統制への過度な依拠，内部統制に対する理解が得られていない，事業体とその環境に対する理解が得られていない等の内部統制に関連する問題*	17%（6）

＊ 全米規模でない監査事務所を示す表9ではみられなかった問題領域。
注：複数の問題領域が同じ発生数であった場合，それらを同じ順位で報告している。例えば，上記の上位14位までの不備のランク表の中で，8位には4項目の問題領域が同順位で，12位には2項目の問題領域が同順位で並んでいる。

---

[12] 表8と9に示した上位14件を最頻出と判断し，強調した（全米規模の監査事務所および全米規模でない監査事務所に15%以上みられた）。

表9　全米規模でない監査事務所により実施された実際の監査における主な不備（会社数＝46社）

問題領域	事例の百分率（件数）
1. 十分かつ適切な監査証拠を入手しなかった	78%（36）
2. 職業的専門家としての正当な注意を払わなかった	65%（30）
3. 職業的懐疑心の水準が不十分	61%（28）
4. 経営者確認書に関連する適切な証拠を入手しなかった	57%（26）
5. 適切な監査意見を表明しなかった	50%（23）
6. 計画と監督が不適切	37%（17）
7. 不正リスクの検討が不適切	33%（15）
8. GAAPの要件の誤った／整合性のない解釈または適用	28%（13）
9. 監査リスクおよび重要性への対応が不適切	22%（10）
10. 主要な関連当事者に関する開示の理解／確認が不適切*	20%（9）
11. 専門家の業務への過度な依拠／専門家の業務を利用しなかった*	17%（8）
11. 監査調書の作成および保存が不適切	17%（8）
13. 確認手続が不適切*	15%（7）
13. 監査委員会とのコミュニケーションが不適切	15%（7）

＊全米規模の監査事務所を示す表8ではみられなかった問題領域。
注：複数の問題領域が同じ発生数であった場合，それらを同じ順位で報告している。例えば，上記の上位14位までの不備のランク表の中で11位には2項目の問題領域が同順位で，13位には2項目の問題領域が同順位で並んでいる。

じであり，11件の不備は，全米規模の監査事務所と全米規模でない監査事務所の双方でみられた。

次の3項目の不備は，全米規模の監査事務所でのみみられた（表8）：(a)評価されたリスクに対応する監査手続を適切に実施していなかった，(b)開示の適正性を評価していなかった，(c)内部統制への過度な依拠，内部統制を理解していない，事業体およびその環境を理解していないなどの内

部統制に関連する問題。

　次の3項目の不備は，全米規模でない監査事務所でのみみられた（表9）：(a) 主要な関連当事者に関する開示を理解／確認しなかった，(b) 専門家の業務への過度な依拠／専門家の業務を利用しなかった，(c) 不適切な確認手続。専門家の利用の観点では，この分類における全9件の不備のうち8件が，全米規模でない監査事務所に関連していた。このことは，全米規模の監査事務所は，非常に多数の個別専門領域における専門家を関与させる資源があることを反映しているかもしれない。

　表10は，全87件の事例のうち25件においてSECによってその他の不備として指摘された不備の一覧を示したものである。最頻出の不備は，中間（四半期）財務諸表のレビューが不適切であった（16件）というものであり，次いで，監査済財務諸表に含まれる文書のレビューが不適切であった（4件）というものであった。表10のその他の項目は，偽証やインサイ

表10　SECに指摘された監査人のその他の不備（会社数＝25社）

四半期財務諸表の情報レビューが不適切（16件）＊
監査済財務諸表に含まれる文書のレビューが不適切（4件）
監査人は複数の逮捕歴および有罪歴を含む犯罪歴についてSEC職員に明らかにせず，偽証した。
監査人は品質管理方針を遵守していなかった。
監査人は不正なインサイダー取引に関与し，買収計画を共有していた。
監査人は文書の提出にあたり，被監査会社に資産を過大計上させた。
監査人はプロジェクト・マネージャーと進捗度の見積りを議論しなかった。
監査人は被監査会社が既決重罪犯の管理業務について隠蔽することを許した。

＊この不備は，年次の財務諸表監査における監査手続というよりは，中間のレビュー手続に関連しているため，表7で示されている上位16位までの監査の不備のリストから除外した。

ダー取引などの広範な問題に及んでいる。

　また，付録においてSECにより指摘された不備のすべてを，GAASの一般基準，実施基準および報告基準のフレームワークを用いて分類し，示している。

Beasleyら［2000］の結果との比較

　2000年に，著者のうち3名が，1987年から1997年までの不正な財務報告事例に関連する監査人に対するSECの申立てのサンプルに関して同様の分析を行った──『監査人に対する不正関連のSEC執行措置：1987年－1997年』(*Fraud-Related SEC Enforcement Actions Against Auditors：1987-1997*)（AICPA, 2000年, Beasley, CarcelloおよびHermanson）である。以前の研究では，不備疑惑のある45件の実際の監査事例を調査した。1987年から1997年までの報告書（2頁）において，監査の不備疑惑について最も頻繁に指摘されたものは以下のとおりである。

- 適切な監査証拠を入手しなかった［45件の実際の監査のうちの80％］
- 職業的専門家としての正当な注意を払わなかった［71％］
- 職業的懐疑心の水準が不十分［60％］
- GAAPの誤った解釈または適用［49％］
- 不適切な監査計画［44％］
- 証拠の種類として質問に過度に依拠［40％］
- 経営者の見積りを裏づける適切な証拠を入手していない［36％］
- 売掛金の確認が不十分［29％］
- 主要な関連当事者に関する理解や開示をしなかった［27％］
- 内部統制への過度な依拠［24％］
- 独立性の欠如（一般的には，監査人が被監査会社の会計または経営機

能を担うことに起因する）［22％］
- 監督およびレビューが不適切［22％］
- 不適切または整合性のない監査調書［22％］

　監査証拠が不十分，職業的専門家としての正当な注意の欠如，適切な職業的懐疑心の不足に関連する上位3項目の不備は，2つの調査で同一である。これらの問題は，不正リスクの有効な評価および不正の発見の中核となる基本的な監査の不備に関連している。その他の頻出不備の多くも，2つの調査の双方で指摘されている。注目すべき変化の1つは，監査委員会と適切にコミュニケーションをしていない不備の発生の増加であり，本調査では14件であるのに対し，1987年-1997年の分析では2件だけであった。

4. 意味合い

　SECによって指摘された不備の分析は，監査プロセスにおける継続的な改善に資する知見を提供するものである。表7から表10の不備の種類は，根本原因の原動力となる4項目の包括的なテーマを中心に総合的に展開しているようにみえる。
1. 職業的専門家としての正当な注意を払わなかった
2. 職業的懐疑心の水準が不十分
3. リスクの識別および評価が不適切
4. 識別されたリスクについて十分かつ適切な監査証拠を入手するための適切な監査対応がなされていない

　本報告書に記載されている結果を検討すると，1998年から2007年までの間に数千社の米国公開会社からSECが調査したのは347件であり，SECの不正な財務報告の申立ては稀であることを正しく理解することは重要である。不正に関連したSECの執行措置は数少ないとはいえ，これらの87件の事例の分析から得た意味合いは，特に不正による重要な財務諸表の虚偽表示を発見する上で，監査人や監査の品質向上にかかわる人々に重要な知見を与えている。

　本節では，監査プロセスの中核にあるこれらの包括的なテーマが示唆する意味合いを簡潔に探ることとする。

■職業的専門家としての正当な注意を払わなかった

　調査事例の一部において，SECの監査不備の申立ては，適切なものと一般に認められ，大半の監査において期待される手続を実施しなかった監査人に対するものであった。これらの事案の多くで，不備は，当該状況下で一般に認められた監査基準（GAAS）が求めるものとして過度に複雑な監査上の判断を伴うものにはみえなかった。むしろ，かかる不備は，時として，いかなる監査でも中核をなすものと一般に理解されている手続を実施しなかったことに関係していた。要するに，当該監査人は，慎重な監査人ならば承知しておくべきことが監査において期待されることを実施しなかったのである。例えば，勘定の評価に用いられる見積りについての証拠を入手しなかった，調整を裏づける文書を入手しなかった，監査チームの監督をしなかったり，遠隔地から監督をした，信頼できないと承知の上で文書を受領した，売掛金の確認をしなかったなどの監査の不備を指摘された監査人がいたのである。

　これらの失敗は，教育，研修，採用および業績評価を通じて取り組むことのできる一般に認められた監査基準（GAAS）の基本要件を理解していないことによるのかもしれない。しかしながら，こうした不備は，監査人が，監査で行われることが期待されている業務の知識を有しながらも，必要な手続を効果的な方法で行う状況を確保することができなかったという履行上の失敗によって引き起こされることもある。後者の問題は，監査を終了させるという時間的制約の問題，多くの監査業務の同時進行または業務レベルの不適切な品質管理レビュー手続といったいくつかの根本原因の結果かもしれない。

職業的専門家としての正当な注意を払わなかったことに関連する問題に取り組むために，監査事務所および監査業界は，必要な手続が実施できないことにつながる根本原因となる問題を解明するために，一般的に理解されている監査手続が実施されていないことが，監査事務所独自の品質管理レビューやピア・レビューで発覚した事例を入念に分析することが有益であろう。そのような分析により，教育や研修が必要とされる領域が識別されるかもしれないし，また，事務所の文化や人事関連の問題が監査チームのメンバーがいかなる監査業務においても中核であると一般的に理解されている手続を実施することができない原因となっている領域が識別されるかもしれない。監査の品質の向上を目指す不断の努力の精神で，職業的専門家としての正当な注意を払うことに影響を及ぼす問題に知見を与えるような現職員の調査や元職員の退職者面接を行うことが事務所のためになるだろう。職業的専門家としての正当な注意を払うことに関連する問題に取り組むことは，監査の失敗に対する最前線の防御策の1つの強化に資するものである。

■職業的懐疑心の水準が不十分

監査の失敗を招きかねない問題に対するもう1つの最前線の防御策は，適切な水準の職業的懐疑心である。適切な疑問を抱く心構えを欠き，監査証拠を批判的に評価できないことは，あらゆる監査の局面で多くの監査の不備が生じる機会をつくる。SECは，監査人に対する制裁措置を科した事例の大半でこの全般的な不備を指摘する傾向があるが，職業的懐疑心が不十分であるとSECが指摘した問題を検討することは，監査人の懐疑心の改善へ向けた監査業界の不断の努力に資するような追加的な知見があるかを見極める上で役立つであろう。

職業的懐疑心の重要な特質は，監査品質センター（Center for Audit Quality：CAQ）の『財務報告不正の抑止と発見：行動綱領』（2010年10月）（*Deterring and Detecting Financial Reporting Fraud: A Platform for Action*）の中心的テーマとなっている。同報告書において，CAQは懐疑心について以下のように指摘している。

「…財務報告のサプライチェーンの関係者すべてに要求される専門家としての客観性の必須の要素である。サプライチェーン全般にわたる懐疑心は，不正が発見される可能性を高めるだけでなく，不正は発見されるものであるという認識も高め，それにより，不正が企てられるリスクも軽減する。…内部監査人にとっても外部監査人にとっても，懐疑心は，経営者による内部統制の無効化のリスクの検討などの職責を果たす上で不可欠である。」

CAQ報告書の第3章「懐疑心：不正の天敵」"Skepticism：An Enemy of Fraud" では適切な職業的懐疑心を行使するという重要な役割に関する豊富な議論が展開されており，あらゆる個人が判断や決断を下す際にどのようにバイアスが影響を及ぼすのかという現実が浮き彫りにされている。本章は，監査人を含む財務報告プロセスの関係者すべてが，自らの属する組織やその首脳陣が誠実であると考える生来の傾向があることに着目している。監査人や取締役会構成員のそのような信頼感は，財務報告プロセスの他の関係者を信頼する気にさせるものである。このような信頼に対するバイアスにより，徹底的な質問をしたり，監査証拠を批判的に評価することができなく事態を招来しかねない。

こうした傾向に対処するために，財務諸表監査における監査人の不正の

検討に関連する基準等の監査基準は，不正のリスクはあらゆる監査に存在するという現実を監査チームの全員が認識することの重要性を強調している。すなわち，不正が存在する可能性に影響を及ぼす何らかの動機／プレッシャー，機会または不適切な姿勢や正当化のリスクが存在しない監査はない。加えて，これらの基準はまた，あらゆる監査には経営者による内部統制の無効化のリスクがあることを認識している。このように監査基準において明確に認識されているにもかかわらず，本調査で検討した多くの事例で，監査人が監査業務の遂行全般にわたって不正のリスクの把握に葛藤していたことは明らかであると SEC は結論づけている。

職業的懐疑心に関する学術研究は，懐疑心の6つの特性をあげている[13]。
1. **「疑問を抱く心構え」** 何らかの疑う感覚を伴った質問をするという気質。
2. **「判断の保留」** 適切な証拠を入手するまで判断を保留すること。
3. **「知識の探求」** 明白なことでも，確証を得たいという意欲をもって，明々白々となるまで調査したいという願望。
4. **「対人関係の理解」** 人々の動機や知覚がバイアスにとらわれた情報あるいは誤導する情報を提供する可能性があることの認識。
5. **「自主性」** 他者の主張を受け入れるよりもむしろ，自分自身で決定するという自律性，道徳的独立性および信念。
6. **「自負心」** 説得に抵抗し得る自信，仮定や結論に異議を唱えられる自信をもつこと。

---
[13]「専門技能としての懐疑心を測る尺度の発展」(Development of a Scale to Measure Professional Skepticism) R・キャシー・ハート (R. Kathy Hurtt), Auditing: A Journal of Practice & Theory, 2010年5月を参照のこと。

監査人や監査業界全体にとってむずかしい問題は，職業的懐疑心の概念は何十年にもわたって監査基準の基本的側面であったということである。それゆえ，「職業的懐疑心は何十年にもわたって，監査プロセスの基礎と認識されてきたにもかかわらず，日々の監査において十分な水準の職業的懐疑心を行使する際に何が問題となるのか」という疑問が生じる。

　監査人が監査において十分な水準の職業的懐疑心を行使する上で失敗につながるどのような問題があるかについては明らかではない。おそらく，一部は，反証がない場合に他者に過度の信頼を寄せてしまうという人間の傾向についての認識不足によるものであろう。もし人間の判断や意思決定能力に関する認識不足なら，いかにバイアスが個人の判断や意思決定に影響を及ぼすかという現実について研修や教育を増やすことが有効かもしれない。上述の懐疑心の特性について留意することが出発点となろう。

　公開会社会計監視委員会（Public Company Accounting Oversight Board：PCAOB）のスタッフ監査実務アラート第10号，「監査における職業的懐疑心の保持と行使」（*Maintaining and Applying Professional Skepticism in Audits*）もまた，監査人が監査において職業的懐疑心を行使するのに役立つ指針を提供している。その中で監査人が適切に職業的懐疑心を行使しなかった事例を取り上げ，監査人が十分な懐疑心を発揮する上での共通した障壁が存在することについて警鐘を鳴らしている。また，職業的懐疑心[14]を高める上で，監査事務所の品質管理システムと監督の重要性が強調されている。

---

14 公開会社会計監視委員会（PCAOB）のスタッフ監査実務アラート第10号，「監査における職業的懐疑心の保持と行使」（Maintaining and Applying Professional Skepticism in Audits）（2012年12月4日），www.pcaob.org. を参照のこと。

COSOの見解書『取締役会の監視の強化：判断上の罠とバイアスの回避』(Enhancing Board Oversight : Avoiding Judgment Traps and Bias)[15] もまた，有益な参考資料の１つであろう。その中の指針で，監査人や取締役会構成員などの財務報告プロセスの関係者すべてに対して，重要な判断や意思決定を行う際に自身に潜むバイアスを監視することの重要性について有益な注意喚起をしている。

　あいにく，研修の実施だけで適切な水準の職業的懐疑心を発揮する上での制約をすべて解消できるわけではない。たいてい，本調査に記載されている監査の不備の多くは，個々の監査人がかかわっており，職業的懐疑心を適切に行使することの重要性を頭の中では理解していても，何らかの理由によりいざ監査業務を遂行する段になると怠ってしまう。適切な水準の職業的懐疑心を行使することの重要性を監査人に注意喚起することは有益であり，監査業務中に何度も，あらゆる方法で注意喚起する必要があろう。個々のメンバーがいかに懐疑心の特性を備えているかに関する評価および説明は，監査業務中に複数の段階で，明確に測定される必要があろう。品質レビュー評価は，個々の監査業務の遂行において，適切な水準の職業的懐疑心を発揮した証拠を明確に評価するために改善される必要があろう。監査業務において起こり得る不備についての研修，注意喚起そして評価は，適切な水準の職業的懐疑心を保持する能力を高める第一歩となろう。

　職業的懐疑心が欠如していたことがピア・レビュー，検査，監査の失敗の実際の事例などの通常の監査レビュー・プロセスで発覚する事例の事後

---

15 本見解書のダウンロードは www.coso.org.

分析を通じて，職業的懐疑心が欠如している場合の行動パターンが識別される。ひとたびそうした行動パターンが判明すれば，監査事務所や監査業界全体として，不適切な水準の職業的懐疑心の根本原因の原動力に対して対策を講じやすくなるであろう。根本原因の原動力についての知見を深めることで，監査事務所は，職業的懐疑心を定期的にチェックする仕組みを監査に組み込むことで，懐疑心を欠いた状況を積極的に識別し，即時に是正することができるようになるであろう。

　また，地域ごとに異なる文化や世代間のギャップが，監査における懐疑心の形成と発揮にいかなる影響を及ぼすかについても監査業界は探求する必要がある。例えば，職業的懐疑心の重要性についての理解度は，国ごとに異なるであろうし，将来の世代の監査専門家は，今日の監査専門家とは異なる形で職業的懐疑心を形成し，行使するかもしれない。こうしたことをよりよく理解し，懐疑心の行使に影響を及ぼす他の潜在的要因を明らかにする調査が必要とされている。

　CAQの『財務報告不正の抑止と発見：行動綱領』(2010年10月)(25頁)(*Deterring and Detecting Financial Reporting Fraud: A Platform for Action*)には，監査人がさらに検討する必要がある職業的懐疑心に関連する多くの提言が収録されている。以下は，同報告書において外部監査人に対して指摘された検討事項の概要である。

1. 監査計画の際に行った不正リスク評価に基づき，取締役会および監査委員会が経営者に尋ねてほしいと思う質問を積極的に提案する。
2. 職業的懐疑心の行使および不正リスク評価に適切に取り組んでいることを確認するために監査事務所内のコミュニケーションおよび研修

プログラムを定期的に評価する。
3. 言語によらないコミュニケーションも考慮しつつ，監査手続におけるインタビューに重点をおき，質問技術を強化する。
4. 十分な監査証拠を得る手段としての実証手続の価値を強調し，そして，例えば，裏づけとなる情報を得るための企業におけるコミュニケーションの仕組みや方法のガイダンスを提供する。
5. 業界の専門家であり，財務報告不正を伴う状況の経験を有する監査チーム外の人間を，ブレインストーミングのセッションに含めることを検討する。
6. オープンディスカッションを促進し，非言語コミュニケーションを評価するために，直接顔を合わせての会合により情報を入手することを検討する。
7. 職業的懐疑心および不正発見の技術に焦点を当てた監査のカリキュラムを強化するよう学会に働きかける。

また，同報告書には，不正リスク評価に関する監査委員会および内部監査人に対する提言も収録されている。これらの提言は監査委員会および内部監査人向けではあるが，外部監査人が職業的懐疑心を強化するための検討事項として使うことも簡単である。

■リスクの識別および評価が不適切

職業的専門家としての正当な注意を払わなかったことや十分な水準の職業的懐疑心を保持できなかったことは，不正リスクなどの監査における重要な虚偽表示のリスクの識別および評価が不適切である当然の前兆である。本調査対象の事例の中には，監査事務所が，不正リスク評価手続のような

必要な監査リスク評価手続を実施しなかったものがある。また，監査人が，前もって識別されたリスク状況に対応できなかったものもある。本調査で検討された状況は，職業的専門家としての正当な注意を払わなかったことと不十分な水準の職業的懐疑心が，いかに不適切なリスク評価や指摘されたリスクへの不適切な対応につながるかを物語るものである。それゆえ，これらの根本原因の原動力に対処することは，監査人のリスクの識別と評価に直接影響を及ぼすものであろう。

しかしながら，監査人のリスク評価のプロセスで不備が指摘される理由を説明する他の原因もあるようである。監査基準は，長年にわたってリスク・ベースではあるが，リスク評価のプロセスを単純化しすぎたかもしれない。すなわち，リスク管理とリスク評価の基本に関する研修内容が，監査人がリスク評価の質に影響を及ぼす要因を理解するのに資するものではなかったかもしれない。

ごく最近，全体的なコーポレート・ガバナンスに重要な新興のビジネス・パラダイムとして，全社的リスクマネジメント（ERM）の重要性がますます強調されるようになってきた。このビジネス・パラダイムが発展し続けるに伴い，リスクの識別とリスクの評価に関連する教育と研修がいっそう必要とされることを経営幹部が認識するようになった。そして，全社的レベルのリスクの評価に関する見解書が出ると，複雑な企業のリスクを正しく識別し，評価する能力を取り巻く複雑性が今になってようやく理解されるようになった。例えば，『ハーバード・ビジネス・レビュー』（*Harvard Business Review*）の論文「ビッグアイデア：大きな決断を下す前に…」（The Big Idea：Before You Make that Big Decision…）は，集団的意思決定，顕著性バイアス，確証バイアス，後光効果（ハロー効果）といった多

くの落とし穴が，リスクの識別や評価に関連した意思決定などのわれわれの意思決定の質にいかに影響を与えるかに焦点を当てている[16]。『コンファレンス・ボード・レビュー』(The Conference Board Review) の論文「楽観主義の裏側」(The Dark Side of Optimism) では，米国文化の美徳として広くみなされている楽観主義—物事の明るい面を注視することを重視し，問題点にあまり重きをおかないこと—が現実的かつ客観的評価を行うわれわれの能力にいかに影響を及ぼしているかを説明している[17]。さらに，トレッドウェイ委員会支援組織委員会（COSO）の見解書「実務におけるリスク評価」(Risk Assessment in Practice) では，リスクの発生確率と影響度に関する伝統的な検討事項に加えて，多面的に検討することの重要性などのリスク評価に関するベストプラクティスを概説している[18]。

全体として，これらの見解書や他の見解書は，リスクの識別とリスクの評価のプロセスは，見た目よりもいっそう複雑であるがゆえに，多くの落とし穴があることを示唆している。

リスクの評価に関連した複雑性についてさらに学ぶべきことを理解するために，リスクの識別と評価のプロセスをより詳しくみることは，監査業界にとって有益なことであろう。発生可能性の観点から，場合によって監査人は適切にリスクを評価するには不十分な状況におかれるかもしれない。—すなわち，被監査会社が不正を働いていない可能性について過度に楽観

---

[16] ダニエル・カーネマン，ダン・ロバロおよびオリビエ・シボニー（Daniel Kahneman, Dan Lovallo, and Olivier Sibony），「ビッグアイデア：大きな決断を下す前に」(The Big Idea : Before You Make that Big Decision...), Harvard Business Review, 2011年6月を参照のこと。

[17] スーザン・ウェバー（Susan Webber），「楽観主義の裏側」(The Dark Side of Optimism), The Conference Board Review, 2008年1月／2月を参照のこと。

[18] 本見解書のダウンロードは，トレッドウェイ委員会支援組織委員会（COSO）ウェブサイト（www.coso.org）から。

的な監査人がいるかもしれないし，実際の不正事例に遭遇した経験を有する監査人がほとんどいないということは，重要な虚偽表示が存在する可能性をわれわれが過小評価する原因となるかもしれない。大半の学部および大学院の会計プログラムは，リスク管理の概念を最小限扱っているにすぎず，事務所での研修プログラムも監査人が「重要な虚偽表示のリスクの評価」が意味することを理解していることを前提にしている場合が多い。リスク管理の専門家がすでに理解している共通の落とし穴に監査人がはまらないようにするためにも，基本的なリスク管理原則についての精緻化された研修が必要とされよう。

■識別されたリスクについて十分かつ適切な監査証拠を入手するための適切な監査対応がなされていない

　不正による重要な虚偽表示のリスクに関する証拠を入手するための監査手続を計画および実施する能力は，職業的専門家としての正当な注意を払い，十分な水準の職業的懐疑心を保持し，リスクを識別し，評価することを一体的にこなせるかに左右される。すなわち，職業的専門家としての正当な注意，職業的懐疑心およびリスクの評価は，監査リスクに適切に対応した監査を計画・実施するための必要条件である。こうした課題を克服するまでは，重要な虚偽表示のリスクに対処するために適切な監査手続を計画し，実施する監査人の能力は制約を受けることとなる。

　本調査対象の事例の中に，売掛金の確認書の送付，見積りを裏づける証拠の入手または経営者の口頭による説明の裏づけなどいかなる監査でも一般的に実施されると期待されている監査手続を実施しなかった監査人がいた。また，文書化されたリスク条件に照らして監査手続を修正することな

く，単に一般的な監査計画における監査手続や前年実施したのと同様の監査手続を実施しただけの監査人もいた。これらの事例は，職業的専門家としての正当な注意の行使ができないことや十分な水準の職業的懐疑心の保持ができないことに関連する困難な問題があることを示唆している。

　リスクとその対応の関係の問題に着目する事例もある。基本的な監査の不備のために，文書化されたリスクと実施される監査手続を適切に結びつけることができなかったり，別の調査では，指摘されたリスクに対する適切な監査対応を検討できない状況におかれた場合もあった。不断の品質改善を図る姿勢で，基礎にあるリスクと監査手続を関連づけることの重要性をいっそう重視し，これらの関連についてのレビューを強化することは，おそらく識別されたリスクにそぐわない対応があった領域を監査人が識別する上で役立つであろう。監査人のこうした関連づけに役立つツールや技術を開発する必要があり，もしすでにあるのであれば，おそらくそうしたツールの目的や利点についてのさらなる研修が必要とされよう。

■その他の意味合い

　表7から表10に要約されているように，指摘された不備には，改善が検討されるべき監査プロセスについて他の意味合いをもつ不備がある。本報告書の前の方の頁で，われわれは，これら4つの包括的なテーマを取り上げたが，それは，これらが改善されれば，本調査で指摘された他のいっそう具体的な不備に広範な影響を与える可能性があることを踏まえてのことである。しかしながら，これらのいっそう具体的な監査の不備をさらに分析することによって，監査の品質に影響を及ぼす潜在的要素に対する理解を深める機会が見いだされるかもしれない。

5. 要約

　財務報告不正は，資本市場の参加者全員の重要な関心事であり，その抑止と発見は，コーポレート・ガバナンス・プロセスの参加者全員の重要な責任である。財務報告不正の原動力は，不正行為を隠蔽する犯罪者であるものの，監査基準は，誤謬か不正かを問わず財務諸表に重要な虚偽表示がないかどうかについて合理的な保証を得るために監査を計画し実施する監査人に責任を負わせている。かかる責任を踏まえると，失敗から学ぶ機会を得て監査プロセス全体の強化のために，本調査のような監査の失敗の疑惑の先例の検討や分析に監査業界が傾注することは重要なことである。本報告書に要約された分析が，監査プロセスへの理解を深める契機となり，不正な財務報告の摘発が促進されるように手続が強化されることを願うものである。

6. 調査チーム

■著者

　マーク・S・ビーズリー（Mark S. Beasley）氏は，デロイト招聘の全社的リスクマネジメント（ERM）教授であり，ノースカロライナ州立大学の会計学教授である。ノースカロライナ州全社的リスクマネジメント（ERM）構想の理事として，ERM実務および戦略やコーポレート・ガバナンスとの統合に関しソート・リーダーシップを発揮している。7年にわたるトレッドウェイ委員会支援組織委員会（COSO）理事会勤務を最近終了した。これまでに米国会計学会の監査部会長や監査基準審議会の監査基準書（SAS）第99号の不正タスク・フォースなどの全米規模のタスク・フォースや特別委員会で活躍してきた。研究業績は，The Accounting Review, Journal of Accounting Research, Contemporary Accounting Research, Auditing：A Journal of Practice & Theory および Accounting Horizons などに掲載されている。監査委員会実務などのERM，内部統制，コーポレート・ガバナンスに関する国内外の会議において数多くの講演を行ってきた。Mark_beasley@ncsu.edu

　ジョセフ・V・カルセロ（Joseph V. Carcello）氏は，アーンスト・アンド・ヤングおよびビジネス校友教授で，テネシー大学のコーポレート・ガバナンス・センターの共同設立者かつ研究担当理事を務める。研究業績は，The Accounting Review, Journal of Accounting Research, Contemporary Accounting Research, Auditing：A Journal of Practice & Theory および Accounting Horizons などに掲載されている。公開会社会計監視委員会

(PCAOB) の投資家諮問グループのメンバーであり，これまでに常任諮問グループを6年務めた。米国財務省監査プロフェッション諮問委員会や会計と監査の規制に関する連邦議会の監督委員会で証言を行った。トレッドウェイ委員会支援組織委員会 (COSO) の中小企業統制ガイダンス諮問グループ・タスクフォース，米国会計学会の財務担当副会長，米国会計学会の監査部会長を務めた。米国証券取引委員会に対して，不正な財務報告の関連事案に関し専門家として証言を行い，連邦ならびに州裁判所株主訴訟における法的和解の一部として開始されたコーポレート・ガバナンス改革評価における専門家として取り組んできた。フォーチュン50社の監査委員会を含め，公開会社や監査委員会に対してコーポレート・ガバナンス，統制手続および不正のコンサルタントを務めている。jcarcell@utk.edu

ダナ・R・ハーマンソン (Dana R. Hermanson) 氏は，ケネソー州立大学の Dinos Eminent Scholar Chair of Private Enterprise で，会計学教授およびコーポレート・ガバナンス・センターの研究担当理事である。会計学界における最も多作な研究者であり，研究業績は，*Contemporary Accounting Research, Auditing : A Journal of Practice & Theory, Journal of Accounting & Public Policy, Journal of Accounting Literature, Accounting Horizons, Behavioral Research in Accounting, Journal of Information System, Issues in Accounting Education* に掲載されている。*Accounting Horizons* の共同編集者であり，*Current Issue in Auditing* の創設共同編集者も歴任した。彼は共同著作者とともに公開会社の会計実務の発展に多大な貢献をしたまたはする可能性があるとして，2008年のデロイト／米国会計学会の Wildman Medal を受賞した。2010年，*Directorship* 誌においてコーポレート・ガバナンスの領域における「注目すべき人物」の1人とされ，*The Wall Street Journal* や *Business Week*

にも業績が紹介された。dhermans@kennesaw.edu

テリー・L・ニール（Terry L. Neal）氏は，テネシー大学，会計情報管理部における Dennis Hendrix 会計学教授で，同大学のコーポレート・ガバナンス・センターの研究フェローである。また，会計学博士課程の理事も務めている。研究業績は，*The Accounting Review, Contemporary Accounting Research, Auditing : A Journal of Practice & Theory, Journal of Accounting & Public Policy, Accounting Horizons, The International Journal of Accounting, Corporate Governance : an international review* に掲載されている。*The Accounting Review, Auditing : A Journal of Practice & Theory, Accounting Horizon, Current Issues in Auditing* の編集委員も務めている。また，*Contemporary Accounting Research, Journal of Accounting and Public Policy, Journal of Accounting Literature, Issues in Accounting Education* などの専門誌の特別校閲者も務めている。Tneal3@utk.edu

■調査マネージャー

ローレン・リード（Lauren Reid）氏は，監査・財務会計専攻のテネシー大学の博士課程3年生である。ウェイク・フォーレスト大学で会計学の学士号，修士号を取得している。アーンスト・アンド・ヤングでの監査実務経験を経て，博士課程入学前には，ウェイク・フォーレスト大学で初級と中級の財務会計を教えていた。ノースカロライナ州公認会計士である。lcarse@utk.edu

付録

監査領域別の監査不備疑惑の詳細なリスト
（合計81事務所，うち35は全米規模の監査事務所，46は全米規模でない監査事務所）

監査領域	問題が指摘された事例件数 ［合計／全米規模の監査事務所／ 全米規模でない監査事務所］
パネルA：監査受嘱	
a.前任者／後任者間の適切なコミュニケーションを行うことができなかった	4合計／0全米／4全米以外
b.経営者の誠実性に関する評価／検討が不適切	3／3／0
パネルB：一般基準	
a.業務遂行のための研修および習熟度が不適切	7／1／6
b.被監査会社からの独立性の欠如	8／3／5 ● 3件は，被監査会社の会計または経営機能を監査人が遂行していた ● 2件は，被監査会社との雇用に関する打合せに関与がしていた ● 1件は，被監査会社のCFOから借入があった ● 1件は，監査辞退しなければ訴訟の脅迫があった ● 1件は，被監査会社の株式を保有していた
c.職業的専門家としての正当な注意を払わなかった	54／24／30
d.職業的懐疑心の水準が不十分	49／21／28
e.以前監査に従事した担当者が被監査会社の経営者（CEO／CFO）である	1／1／0

パネルC： 監査計画―実施基準	
a. 計画と監督が不適切	25／8／17 ●4件は，監査計画の記載がない
b. 監査リスクおよび重要性への対応が不適切	17／7／10
c. 不正リスクの検討が不適切	27／12／15
d. 被監査会社の違法行為に対処していない	9／3／6
e. 主要な関連当事者に関する開示の理解／確認をしなかった	12／3／9
f. 監査計画の適切な設計ができない	3／0／3
g. 分析的手続の実施が不適切	1／0／1
h. 監査のレビューが不適切	9／3／6
パネルD： 内部統制の理解―実施基準*	
a. 事業体とその環境に対する理解が得られていない（重要な虚偽表示のリスクの評価など）	2／0／2
b. 内部統制に対する適切な理解が得られていない	5／2／3
c. 内部統制への過度な依拠（過度な依拠／既知の統制上の欠陥への対応がなされていない）	3／2／1
d. 統制環境に関連する個々のリスクが検討されていない	1／1／0
e. 監査で識別された内部統制関連問題のコミュニケーションがなされていない	1／1／0
パネルE： 十分かつ適切な証拠―実施基準	
a. 評価されたリスクに対応する監査手続が適切に実施されていない	12／8／4
b. 十分かつ適切な監査証拠を入手できなかった	59／23／36

c. 分析的実証手続の不振	4／1／3
d. 確認手続が不適切	12／5／7 ● 5件は確認していない ● 5件は代替手続を実施していない ● 2件は被監査会社の確認改ざんにつながる手ぬるい手続
e. 棚卸資産の立会が不適切	4／0／4
f. 金融派生商品，ヘッジ活動および投資有価証券に対する監査が不適切	1／0／1
g. 経営者確認書に関連する適切な証拠を入手しなかった	44／18／26
h. 専門家の業務への過度な依拠／専門家の業務を利用しなかった	9／1／8
i. 被監査会社の弁護士からの回答／弁護士への書簡に対する不適切な検討	2／1／1
j. 監査調書の作成および保存が不適切	16／8／8 ● 7件は監査調書の意図的な改ざんおよび／または廃棄
k. 会計上の見積りの監査が不適切	4／3／1
l. 誤ったサンプリング技術（母集団に対する結論の予想の失敗）	1／1／0
パネルF： 報告基準	
a. 事業体の継続企業の前提の不適切な評価	1／0／1
b. 監査委員会とのコミュニケーションが不適切	14／7／7
c. GAAPの要件の誤った／整合性のない解釈または適用	30／17／13 ● 10件は売上高に関する事例，4件は引当金（保証引当金など）に関する事例

d. 適切な監査意見を表明しなかった	38／15／23 ● 事例の過半数は，財務諸表がGAAPに準拠しておらず，監査人がGAASに準拠していなかったのに，監査人が無限定適正意見を表明したというものである。
e. 開示の適正性の評価ができていない	12／8／4
f. 他の監査人が実施した作業に対する参照が不適切	2／0／2
g. 重要な後発事象の検討が不適切	1／1／0
h. 会計原則の変更に関する報告がされていない	2／1／1
i. 不確実性の影響の評価が不適切	1／0／1
j. 既知の監査差異の評価がなされていない／「過去の」監査上の修正が重要性がないとの不適切な結論づけ	5／5／0

注：問題が申し立てられた監査領域だけを示した。
* 付録では内部統制に関連する監査の不備の数は合計12件であるが，1つの事務所について2つ指摘がなされたものがあるので，表7において内部統制に関連する不備の事例数の合計は11件と示されている。

Enhancing Auditor Professional Skepticism

BY
Professors Steven M. Glover
and Douglas F. Prawitt,
Brigham Young University

The information contained herein is of a general nature and based on authorities that are subject to change. Applicability of the information to specific situations should be determined through consultation with your professional adviser. This article represents the view of the authors only, and does not necessarily represent the views or professional advice of Brigham Young University or the Standards Working Group of the Global Public Policy Committee or its member networks.

2013年11月

監査人の職業的懐疑心を高めること

ブリガム・ヤング大学
■スチーブン・M・グローバー（Steven M. Glover）教授
■ダグラス・F・プラウィット（Douglas F. Prawitt）教授

■ エグゼクティブ・サマリー

■ 職業的懐疑心の定義と行使

■ 職業的懐疑心の行使を強化することに対する脅威，
　軽減措置および提案

■ 監査人の職業的懐疑心を強化するために，
　他の利害関係者は財務報告プロセスにおいて
　何ができるか？

■ 結論

　　　本プロジェクトの資金は，国際公共政策委員会（GPPC）の基準ワーキング・グループ（SWG）から提供された。しかしながら，本ペーパーにおいて示された見解や本ペーパーの内容は，著者のものであり，GPPCの各ネットワークの見解を必ずしも反映したものではない。

国際公共政策委員会 (GPPC)

2013 年 11 月

GPPC のメンバーの皆様へ

　職業的懐疑心は，監査業界，監査規制当局，監査基準設定主体および公共の利益のために監査領域で働く人々にとって非常に重要なテーマです。「職業的懐疑心」という用語は広く使用されていますが，さまざまな組織や人々によって異なることを意味する可能性があります。

　国際公共政策委員会（Global Public Policy Committee：GPPC）の基準ワーキング・グループ（Standards Working Group：SWG）(BDO，デロイト，アーンスト・アンド・ヤング，グラント・ソントン，KPMG およびプライスウォーターハウスクーパースから構成される）は，この重要なテーマに関する対話に貢献する新たな考えおよび研究の開発に努めてきました。したがって，SWG は添付した刊行物「監査人の職業的懐疑心を高めること（Enhancing Auditor Professional Skepticism)」の執筆を委託し，ブリガム・ヤング大学のスチーブン・M・グローバー（Steven M. Glover）教授およびダグラス・F・プラウィット（Douglas F. Prawitt）教授が執筆しました。

　本刊行物では，職業的懐疑心とは何か，それをどのように行使すべきか，職業的懐疑心に対する脅威とかかる脅威に対する費用対効果が高いと考えられるセーフガードに関する共通の理解を深めることの重要性について考察しています。また，職業的懐疑心の行使力が監査人によってどのように高められるのかについての考え方や提案をいくつ

か示し，他の主要な利害関係者が監査人による職業的懐疑心の効果的な行使にどのように貢献できるのかについても簡潔に説明しています。

　本刊行物における見解は，GPPCの各ネットワークの見解を必ずしも反映したものではなく，提案または適用ガイダンスを示すことを意図したものでもありません。それよりも，さらなる考え方や議論を引き起こして，整合性のある職業的懐疑心の実務における適切な行使を強化し，最終的には監査の品質を向上させることを目的としています。特に，GPPCネットワークは，EUの監査市場における提案のあらゆる側面に関して共通認識を有しているわけではありません。

　メンバーおよびその組織の方々にお会いして，本テーマについての議論を行い，本ペーパーおよび監査人の懐疑心を高めるという一般的な課題についてのさらなる議論および慎重な考察をどのように進めることが最善であるかを検討したいと考えています。まずは，SWGのセクレタリーであるアンジェラ・グリーン（Angela Green）（angela.m.green@uk.pwc.com）までご連絡下さい。ご質問を担当者に転送いたします。

敬具

デイビッド・デブリン（David Devlin）
SWG委員長

スティーブ・マスリン（Steve Maslin）
GPPC委員長

エグゼクティブ・サマリー

　国際的な6大会計ネットワークから構成されるGPPCのSWGは，財務諸表監査の品質の向上に取り組んでおり，職業的懐疑心についての理解と行使を促進することに強い関心を抱いている。したがって，SWGは，第一線で活躍する学者にソート・リーダーシップとなる本ペーパーの作成を依頼した。本ペーパーの目的は，会計プロフェッション，基準設定主体，規制当局，投資家，監査委員会およびその他の利害関係者間で継続中の議論を促すことにある。SWGは，本ペーパーが当該目的を果たしていると考えているが，本ペーパーに示されている見解すべてが，SWGに代表されている個々のネットワークの見解を必ずしも反映しているわけではない。

　監査人が職業的懐疑心を働かせることは，監査の品質にとって重要である。しかしながら，監査関連の文献には職業的懐疑心に関するさまざまな定義や見方が示されている。整合性のある適切な職業的懐疑心の行使力を高めるための対話を進めるにあたり，職業的懐疑心とは何か，さまざまな状況下でそれをどのように行使し文書化すべきか，職業的懐疑心に対する脅威は構造レベル別にどのように現れるのかについて，共通の理解を深めることが重要である。そうした新たな取り組みにより漸進的な改善がもたらされ，その便益がコストを上回る可能性が増大するよう，すでに導入されている取り組みやセーフガードを考慮することも重要である。われわれは，職業的懐疑心の適切な行使は，勘定およびアサーションのリスク特性に依存すると捉える「職業的懐疑心の連続性」なる概念を提案している。また，職業的懐疑心が行使され，それに対する脅威が生じ得る各構造レベ

ルについても示している。職業的懐疑心の適切な行使に対する脅威を軽減する取り組みは，構造レベルごとに異なる性質を考慮に入れることにより，いっそう効果的となろう。最後に，職業的懐疑心の行使が監査人側でどの程度強化されるのか，および他の主要な利害関係者がその効果的な行使にどの程度貢献できるのかについて，いくつかの考え方および勧告を示している。本ペーパーにおいて検討対象として示した見解は，明確な提案または具体的な適用ガイダンスを提供することを意図したものではない。むしろ，さらなる考え方や議論を招き，整合性のある職業的懐疑心の実務における適切な行使を強化し，最終的には監査の品質を向上させることを目的としている。

> 本ペーパーの目的は，会計プロフェッション，基準設定主体，規制当局，投資家，監査委員会およびその他の利害関係者間で継続中の議論を促すことにある。

職業的懐疑心の定義と行使

　信頼し得る財務情報は，資本市場において投資家の信頼を得るために必要不可欠である。財務報告における情報チェーンには，信頼し得る財務報告を推進することに対して責任を有する多くの利害関係者が関与している。外部の独立した立場にある監査人が財務諸表監査を行う場合には，当該監査人は，適用される報告フレームワークに準拠して，財務諸表が，報告企業の財政状態，経営成績およびキャッシュ・フローの状況をすべての重要な点において適正に表示している，もしくは，それらに関する真実かつ公正な概観を与えているという独立の立場からの意見を表明することによって，財務報告プロセスにおける重要な役割を果たしている。本ペーパーは，監査人の職業的懐疑心を高めることに関して継続中の議論に資するものである。

　監査人は，財務諸表監査を実施する際，専門的基準に準拠している。それらの基準は，職業的専門家としての判断を行使するにあたり，適切な職業的懐疑心を働かせることを求めている。財務諸表の監査人は，適切な職業的懐疑心に対する責任のみを負っているわけではないが，本ペーパーでは，財務諸表監査を行う際に監査人が働かせる職業的懐疑心に焦点を当てている。職業的懐疑心の基礎となる概念は比較的単純なものであるが，職業的懐疑心とは何か，それがどのように発揮され，文書化されるのかということについての共通理解または実務ガイダンスが欠如しているとわれわれは考えている。本ペーパーでは，監査人の懐疑心に改めて焦点を当てる理由および職業的懐疑心についてのさまざまな定義や意味を考察している。

また，職業的懐疑心の適切な行使は，監査を行う特定の勘定およびアサーションのリスク特性に依存すると捉える「職業的懐疑心の連続性」なる概念を提案している。さらに，さまざまな構造レベルにおける整合性のある職業的懐疑心の行使に対する脅威およびそれらの脅威を軽減し得る手段についても検討している。最後に，監査人の職業的懐疑心は，財務報告プロセスにおける他の利害関係者（取締役および監査委員会，規制当局，基準設定主体など）の協調的取り組みを通じて高めることができることを示し，そのような協調的取り組みを進めるための具体的な考え方を提案している。

> 職業的懐疑心の適切な行使は，監査を行う特定の勘定およびアサーションのリスク特性に依存すると捉える「職業的懐疑心の連続性」なる概念を提案している。

■職業的懐疑心に改めて焦点を当てる理由は何か？

　企業取引および会計基準の複雑性は増大し続けている。原則主義の会計基準，公正価値の使用の拡大および主観的な会計測定値や見積りにより，経営者は，財務諸表で報告される重要な金額についての価値を見積り，会計処理を行う際に，より慎重な判断および裁量を行使することが要求される。複雑性および主観性が増大し，信頼し得る財務報告が引き続き重視されていることを踏まえると，監査人等が財務報告における情報チェーンに職業的懐疑心を行使することへの関心の高まりは，当然のことといえよう。

　非監査業務の提供や在任期間の長期化などの要因により，監査人の職業

的懐疑心が損なわれ，時間とともに監査の品質が脅かされかねないと主張する人々もおり，さほど問題視されることなく経営者のアサーションが容認されているとの指摘もある。そのようなアサーションは新たな疑問を生じさせており，監査人による職業的懐疑心の行使に対してさらなる注目が集まっている。

世界各国の規制当局からの検査報告に，監査人による職業的懐疑心の行使についての懸念が示されている場合も多い。適切な職業的懐疑心は，財務諸表監査において必要な構成要素である。しかしながら，職業的懐疑心を強化する取り組みや提案は，その基礎をなす概念を理解し，職業的懐疑心にプラスとマイナスの双方の影響を与える，異なる構造レベルにおける多くの要因についての活発な対話を行い，職業的懐疑心を促進するためにすでに実施されている措置を認識することによって改善されると考えている。職業的懐疑心に関する重要な概念および影響ならびに職業的懐疑心を強化するためにすでに実施されている措置を見すごしているような提案では，監査または財務報告の品質にさらなる改善がもたらされることはないであろう。

■職業的懐疑心とは何か？

懐疑心（skepticism）という用語は，「懐疑的な（skeptic）」という言葉から派生しており，「探求的（inquiring）なまたは思慮深い（reflective）」という意味をもつギリシャ語「skeptikos」に由来している。尋ねる（to inquire）とは，「質問して情報を入手するまたは質問する（to seek information by questioning; to ask）」ということである。懐疑的であることから通常連想される特徴としては，疑問視して注意深く観察すること，

徹底的に熟考すること，明白な事実を掘り下げて考えること，信じることをやめることなどがあげられる。職業的懐疑心においては，懐疑的であることに一般的に関連のある職業上の属性を取り入れている。その場合には，職業基準，規制，監視，訴訟，交渉，証拠収集および評価，職業的専門家としての判断，複雑な企業取引，さまざまなインセンティブおよび動機，合理化等に則った注意およびデュー・デリジェンスに関する基準が必要とされる。

職業的専門家としての判断と職業的懐疑心とは同じか？ 職業的懐疑心は職業的専門家としての高品質な判断において必要であるが，監査人が的確な職業的専門家としての判断を行使するにあたり必要とされる構成要素の1つにすぎない。例えば，会計および監査業界に必須の専門知識を欠く懐疑心は，高品質な判断を下すのに十分とはいえない。

監査基準および学術文献における職業的懐疑心の定義を調べてみると，関連してはいるが異なった定義がみられる。例えば，国際監査基準（International Standards on Auditing：ISA）および米国監査基準の双方において，疑いをもつ姿勢（questioning mind）および監査証拠に対する批判的評価が強調されている[1]。しかしながら，「疑いをもつ姿勢」および「監査証拠に対する批判的評価」といった用語は多少曖昧であり，適切なレ

---

1 国際監査・保証基準審議会（International Auditing and Assurance Standards Board：IAASB），国際監査基準（International Standards on Auditing：ISA）第200号「独立監査人の全般的目的および国際監査基準に準拠する監査の実施」（Overall Objectives of the Independent Auditor and the Conduct of an Audit in Accordance with International Standards on Auditing）（2009年）。ニューヨーク州ニューヨーク：国際会計士連盟（International Federation of Accountants：IFAC），公開会社会計監視委員会（Public Company Accounting Oversight Board：PCAOB）AUセクション230「業務の実施における職業的専門家としての正当な注意」（Due Professional Care in the Performance of Work）（2010年）www.pcaobus.org.

ベルの疑いまたは批判的評価を構成するものが何か，勘定およびアサーション・レベルで異なったリスクを示す状況において，そのような行動がどのように示され，文書化されているのかについて，さまざまな解釈が生じる可能性がある。

　監査文献では，職業的懐疑心に関するさまざまな見方が説明されている。「推定的疑い（presumptive doubt）」の観点は，企業における収益の監査に関する過去の経験および経営者の能力と誠実性に関する評価にかかわらず，収益認識に重大な不正リスクがあると推定する監査基準の特定の要求事項と整合性があるように思われる[2]。推定的疑いでは，ある程度の不注意，不適格および不誠実が作成者側にあると想定する。監査基準の多くの領域では，中立的な観点が採用されているようである。例えば，「監査人は，経営者が不誠実であるとも，まったく誠実であるとも想定しない。」[3]このようなアプローチでは，監査人は証拠を慎重かつ客観的に評価するが，経営者の不注意，不適格または不正の可能性が高いということを必ずしも想定するわけではない。最後に，専門的な文献においてではないが，状況によっては，懐疑心には適切な立証を伴うある程度の信頼が含まれることがあると主張する人々もいる。

　さまざまな見方があるので，多様な実務が存在している。例えば，「実際問題として，規制当局は通常，職業的懐疑心を，監査上の過失が生じたときに欠落していたものと捉えるために，「推定的疑い」の観点をよりいっそ

---

2 ISA第240号「財務諸表監査における不正に関する監査人の責任」(The Auditor's Responsibility Relating to Fraud in An Audit of Financial Statements)（2009年）ニューヨーク州ニューヨーク：IFAC
3 PCAOB AUセクション230「業務の実施における職業的専門家としての正当な注意」(Due Professional Care in the Performance of Work)（2006年）www.pcaobus.org.

う取り入れがちであることに監査人は留意しなければならない。このことを踏まえて，最近，広く引用されている学術論文では，職業的懐疑心に関する学術および実務に係る文献の包括的な見直しが行われ，*推定的疑い*の観点が採用された[4]。しかしながら，この論文では，すべてのアサーションの監査において推定的疑いのアプローチを取れば，他の観点と比べて，より多くの証拠を収集することになり，有効性と効率性の最適なバランスがもたらされない場合があると指摘している。

異なったアサーションおよび勘定に関するさまざまなリスクシナリオにおいて，どのような態度や行動が適切な職業的懐疑心を構成するのかについての明確な方向性および実務における適用上のガイダンスが示されておらず，そのため，さまざまな見方，適用および見解が生じている。このような状況にあっては，理性的なオブザーバー，専門家および規制当局は当然のことながら異議を唱えるであろう。職業的懐疑心の基礎となる考え方に関するそれぞれの異なった観点は，監査の有効性および潜在的な効率性に影響を与える。特定の観点に関する問題は，それぞれが実際の監査設定において不完全であり，いかなる状況においても最適であるとは限らないということである。

■職業的懐疑心の行使：連続性（continuum）

異なる観点および明確な適用上のガイダンスの欠如は，監査業界，学者，基準設定主体，規制当局および検査当局が職業的懐疑心に関する，よ

---

[4] ネルソン，M・W（Nelson, M.W.）（2009年）「監査における職業的懐疑心のモデルおよび文献レビュー」（A model and literature review of professional skepticism in auditing）Auditing: A Journal of Practice & Theory 282: 1-34.

り包括的かつ実際的な見方を養い，実務における適用上のガイダンスの空白を埋める重要な機会となるとわれわれは考えている。われわれは，職業的懐疑心のある特定の観点に焦点を当てることよりも，職業的懐疑心の行使を，重要な虚偽表示のリスクおよびその他の要因に関連する連続性と考えることの方がより生産的であると思っている。職業的懐疑心の行使を連続性または範囲として概念化するにあたり，そうした連続性の適用は，慎重かつ厳格な当初のリスク評価の後に行われ，適切なレベルの懐疑心が監査証拠の収集と評価に適用されるようにするために，監査人は監査の過程を通じてリスクを継続的に再評価することを念頭に置く必要がある。懐疑心の連続性（範囲）全般における適切な当初のリスク評価後の監査手続および文書化の適用に関する図解を図表1に示している。図解には，完全な信頼から完全な疑いまでの行動範囲全体が示されているが，完全な信頼として示した領域は職業的懐疑心を行使する領域には含まれないことを図表1では強調している点に言及しておく。

　懐疑心の連続性の概念の適用においては，懐疑心の適切なレベルは状況によって異なることが明確にされている。図表1では異なったレベルの職業的懐疑心を示しているが，連続性はカテゴリー内およびカテゴリー間における漸次的変化を表しており，連続性の異なる段階で完全に異なった考え方を表しているとは必ずしも限らない。中立的またはより疑う姿勢につながり，ひいてはその程度に差はあるが監査証拠が必要となる要因のいくつかを図表1に記載している。これらの要因は主として，重要な虚偽表示に対するリスクと影響度および監査証拠によって示唆された事項に基づいている。

図表 1　職業的懐疑心の行使

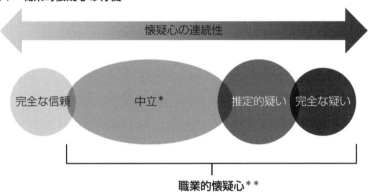

*　中立は，経営者が不誠実性であるとも，まったく誠実であるとも想定しない。
**　職業的懐疑心は，完全な信頼として描写した領域を含まず，完全な疑いとして描写した領域においては，監査人は不正調査的な考え方へと移行する。

追加的な監査証拠が必要となる要因として，企業取引の複雑性，公正価値および主観的見積りの使用の拡大ならびにより原則主義の会計基準への移行が認識されており，それらすべては，監査人が行使すべき職業的専門家としての判断および懐疑心の程度を高める傾向にある。上述したように，要因を記載しているボックスは，連続性は各勘定および関連するアサーションについての適切な当初のリスク評価が適用される監査基準に準拠して行われた後の監査戦略，手続および文書化に焦点を当てていることを示している。また，特定の懐疑心のレベルにつながる当初のリスク評価は，最初の評価が依然として適切であるかどうかを見極めるために，監査の過程を通じて入手した証拠に基づき再評価し，疑問視しなければならないと考えている。

　また，図表1は，監査人のリスク評価手続によって，勘定またはアサーションについて，リスク評価手続の他に追加的な監査業務の必要性がほとんどまたはまったくないと監査人が決定するような場合があるということについても説明している。例えば，明らかに重要性がなく，重要な虚偽表示のリスクが示されていない資産勘定残高は，当初のリスク評価以外に追加的な監査業務を必要としないだろう。監査人がどの程度の証拠が必要であるかを検討するとき，さまざまな形態および内容の監査証拠はその説得力に違いがあるということを認識することも重要である。

　疑う姿勢の維持は，職業的懐疑心のすべての領域に関連があることに留意しなければならない。例えば，低リスクと評価されている重要な勘定またはアサーションについて，必要とされる監査証拠の決定に際して中立的な観点を適用することが適している可能性がある。しかし，これは，監査人が，より説得力のある証拠が必要となり得る問題に関する指標に注意を払うことおよびそれを追求することをやめるという意味ではない。

図表1では，連続性の中に4つの重なり合うカテゴリーを示しており，中央の2つのカテゴリーは過去の文献において最も一般的に使用されている表題のついたものである。これら2つのカテゴリーは，財務諸表監査において同等の割合で使用されるものではない。連続性の大部分が含まれるものとして中立的な観点を描写しており，アサーションの多くはこのカテゴリーに分類され，ほとんどのリスクはこの観点に当てはまる。つまり，中立的な範囲内で，リスクレベルおよび監査証拠は左から右へ移動するにつれ増大する。職業的懐疑心の領域で左から右へ移動すると，監査人の考え方において疑いのレベルが増大する。疑いが増大した証拠として，テストの内容，時期または範囲の改訂があげられる。例えば，テストの時期は期末に近くなる可能性がある，テストの内容は裏づけとなる証拠を提供するために追加的な手続が必要となる可能性がある，またはテスト範囲が増加する可能性がある。職業的懐疑心の行使における疑いの増大に関する別の特徴として，反証につながる可能性のある証拠にいっそう焦点が当てられる可能性があり，不正リスクを示す指標の存在などの高いリスク要因があるとき，経営者のアサーションを反証するまたは不当性を証明するための説得力のある証拠を積極的に探索するようになると考えられる。このような探索は，「どのような証拠が反対論を裏づけるのか？」あるいは「どのような証拠によって，経営者の仮定が成り立たないということが示されるのか？」といった問題に具体的に対処するための監査手続を監査人が設計，実施することによって，促進される可能性がある。

　右端のカテゴリーである「完全な疑い」は，「推定的疑い」と比べて，より懐疑的な観点を示すもので，例えば，監査テストにより，重要な虚偽表示につながりかねない既知の誤謬および／または不正が発覚した場合には，このカテゴリーに該当することとなる。結果として，監査テストにより，

重要な虚偽表示につながりかねない系統的誤謬が発覚した場合には，監査人はさらなる誤謬を探索するかまたは企業に探索するよう求めて，そうした取り組みを徹底して行っていくこととなる。

　不正または事実上の重要な虚偽表示の証拠がある場合には，監査委員会と協議し，必要に応じて，不正調査的な会計思考および手続を適用することが適切であるといえる。一方，推定的疑いは，重要な虚偽表示に対する重大なリスクまたは影響度が要因によって示される場合に適していると考えられる。

　重要な虚偽表示に対する高いリスクおよび影響度を示す既知の誤謬，危険信号またはその他のリスク状況が存在しない場合には，さまざまなリスクに対して，推定的疑いの考え方をアサーションすべてに必ず適用する。これにより，報告企業，そして最終的には投資家が不要なコストを負担させられる場合がある。それに対して，中立的なアプローチを乱用すれば，不正または重要な虚偽表示に対する影響度が高い領域における十分かつ適切な証拠を入手し損なうといった結果を招くことがある。

　監査事務所，基準設定主体，規制当局および検査当局が先の図表１に示したものと概念的に類似した懐疑心の連続性を方針や基準に明示的に統合し，関連する実務における適用上のガイダンスを提供することに取り組むことで，整合性のある適切なレベルの職業的懐疑心を働かせることができるようになるであろう。このようなガイダンスにより，職業的懐疑心の行使におけるしかるべき相違ならびにリスクの連続性にわたる監査証拠および文書化の内容と範囲における相違が認識されることとなる。

■属性，スキル，人格

　懐疑心を定義するもう１つの見方は，懐疑心は基本的にはスキルと行動のセットで構成されているか，それとも知識や専門知識または性格特性も含まれているかどうかということである。学者の中には，スキルにより傾いている者もいれば，性格特性に傾いている者もいるが，われわれは，性格特性，知識，スキルの組合せの観点から職業的懐疑心を考察することによって，現在行われている対話が最も生産的なものとなると考えている。いくつかの性格特性（疑う姿勢，分析し厳格に評価する能力，問題解決能力，倫理的かつ道徳的な推論，判断を保留したいという気持ち，知識を探求する傾向，対人理解に関する能力，自立心および自尊心に基づく自信など）が，適切な職業的懐疑心を行使する監査人の能力に資するものとして指摘されている[5]。また，最近の学術文献では，懐疑心には学ぶことができるスキルが含まれていることが示されている[6]。したがって，監査人に懐疑心を発揮させる性格特性を理解し養うことが重要であるが，新しいおよび経験豊富な監査人による懐疑的思考，態度，スキルおよび行動を強化する

5　例えば，ハート，K（Hurtt, K.）（2010年）「職業的懐疑心を測定するための基準の開発」（Development of a Scale to Measure Professional Skepticism）Auditing: A Journal of Practice & Theory　29（1）：149-171 を参照のこと。後半の３つの特性は，監査人の懐疑的思考を，当該思考と整合性のある監査人による行動に転換させる上で役立つ可能性がある。懐疑心の行使において性格特性が果たす役割を支持する議論と一致して，「密室で―企業監査の実態（Behind Closed Doors—What Company Audit is Really About)」（2001 年に勅許会計士協会により出版された）と題する本では，監査の品質は，懐疑心に明確な影響を与える監査パートナーの性格特性に依存することが示されている。
6　例えば，プラムリー，D，B・A・リクソムおよびA・J・ロスマン（Plumlee, D., B.A. Rixom, and A.J. Rosman）「懐疑的に考えるよう監査人を研修すること」（Training Auditors to Think Skeptically）（2011 年）ワーキング・ペーパー，ユタ大学を参照のこと。
7　世界各国の文化の相違は，アサーションを疑問視する際の知識の利用に関して，文化的な性格特性または文化規範を通じて，職業的懐疑心の行使に影響を与える可能性がある。職業的懐疑心がトレーニングによって強化され，実施した業務の監視，メンタリングおよびレビューによってこの分野で促進されるように，適切な職業的懐疑心の適用を損なう可能性を有する文化特性もしくは様式を識別し，対処することが重要である。

よう設計された大学および会計プロフェッションにおける研修を開発，実施するための新たな機会が存在するものと思われる[7]。

職業的懐疑心の行使を強化することに対する脅威,軽減措置および提案

　本節では，職業的懐疑心に対する潜在的な脅威および整合性のある適切な職業的懐疑心の行使を促進するためにすでに実施されている措置を取り上げている。また，監査事務所および監査業界が職業的懐疑心の強化に取り組む際に検討し得る事項についても説明している。紙幅の関係上，職業的懐疑心の強化についてわれわれが示す考え方は例示的なものであり，包括的な一連の解決策を提案するための取り組みを構成するものでも，それぞれの提案の妥当性または潜在的価値についての徹底的な議論を提供するものでもない。

　一部の規制当局は，職業的懐疑心のレベルがより適切であったならば，識別した申し立てられた監査上の不備事項が避けられた可能性があるということを示唆している。そして，アウトリーチを行い，監査人の懐疑心を強化することを目的とした考えられる対策を提案している[8]。職業的懐疑心を強化する取り組みに関して，われわれは，当該提案を実行に移す前に，利害関係者は，潜在的な脅威およびすでに実施されている措置を含め，職業的懐疑心の行使に影響を与えるさまざまな要因を十分に理解するために

8　例えば，提案された解決策の1つとして，監査事務所の強制的ローテーションがある。2010年の欧州委員会のグリーン・ペーパー「監査に関する施策：金融危機からの教訓への意見形成プロセス（Audit Policy：Lessons from the Crisis）」および2011年の米国の公開会社会計監視委員会（PCAOB）のコンセプト・リリースの双方に，監査事務所の強制的ローテーションに関する考察が含まれている。監査事務所の強制的ローテーションにより職業的懐疑心が強化されるのか，その場合には，費用対効果がある方法で強化されるのかについてのフィードバックを提供するよう要請されたのに応えて，大多数の回答（監査業界からの回答を除外した分析を含む）は強制的ローテーションを支持していなかった。

時間を割き，職業的懐疑心を効果的に強化する可能性のある方法について十分に検討しなければならないと考えている。そうした分析では，職業的懐疑心が行使される詳細な状況を考慮に入れる必要がある。そうでなければ，提案された解決策により，便益を上回るコストがかかり，実際の根本原因が究明されず，個々の監査人またはチームレベルで懐疑心を向上させられないどころか，全体的な監査の品質を低下させることにすらなりかねない。

> 職業的懐疑心を脅かすまたは強化する可能性がある要因を理解し，評価して，適切に対処するための秘訣は，さまざまな要因が職場の各構造レベルで作用しているということを認識することである。

　監査人の職業的懐疑心を実務において向上させるために，対策を講じることができる，そして講じるべきであり，多くは，適切なレベルの職業的懐疑心を促進するために，現行の基準，品質管理の方針と手続，監視および業務慣行においてすでに実施されている。新たな提案については，これらの既存の措置に照らして慎重に検討を行い，さらなる改善がもたらされる可能性を評価しなければならない。外部監査に固有の特徴は，費用と便益，効率性と有効性とのトレードオフである。したがって，提案された方策の予想される便益と費用に係る厳密な分析を行うにあたって，さまざまな構造レベルにおける懐疑心に対する脅威の性質を完全に理解する必要があり，すでに実施されている措置の影響を慎重に考慮しなければならないとわれわれは考えている。

職業的懐疑心を脅かすまたは強化する可能性がある要因を理解し，評価して，適切に対処するための秘訣は，さまざまな要因が職場の各構造レベルで作用しているということを認識することである。われわれは，これらの構造レベルを4つのカテゴリー（個々の監査人，監査チーム，監査事務所および監査業界全体）に区分している。財務報告プロセスにおいて整合性のある適切な職業的懐疑心の行使を向上させるために実施し得る方策についての議論は，各構造レベルの状況を考慮に入れ，各レベルにおける脅威の性質とすでに整備されている軽減措置の双方を考慮に入れることで有効性が高まる。

　例えば，調査では，個々の監査人レベルで生じる職業的懐疑心に対するいくつかの脅威を識別した。職業的懐疑心の行使に対する脅威が個々の監査人レベルで存在する（例えば，判断バイアス）場合には，かかる脅威は監査業界全体や監査事務所を対象とした解決策によっては効果的に軽減されないことがある―つまり，問題を適切に捉えた上で提案された解決策ではないかもしれないのである。

　図表2は，各構造レベルにおける職業的懐疑心に対するいくつかの脅威および整合性のある適切な職業的懐疑心の行使を促進するために各レベルで導入されているいくつかの措置を示している。図表2の目的は，各構造レベルにおける職業的懐疑心の行使を強化するために，脅威，軽減措置および方法を検討することの重要性を強調することにある。したがって，この一覧表は，すべてを包括的に網羅することを意図しておらず，また，各構造レベルに記載した項目は，他のレベルにも当てはまるものや他のレベルに影響を与えるものもある。ここでは一般的に，1つの構造レベルに記載した脅威または軽減措置で，他の構造レベルにも関連性のあるものを再

図表2　構造レベル別の職業的懐疑心の強化に対する脅威およびすでに講じられている措置の説明

個々の監査人——与えられた業務における個々の監査人に関して

脅威——個々の監査人レベルで存在し得る職業的懐疑心に対する潜在的脅威には次の事項が含まれる。
- 判断上の罠とバイアス，知識や専門知識の欠如
- 期日のプレッシャー，うまれつきの好みや期待願望
- 監査人の性格，個人的属性および文化的属性
- 職業的懐疑心を適切に促進しないパフォーマンスおよび報酬に関する指標ならびにインセンティブ

軽減措置——個々の監査人レベルで職業的懐疑心の適切な行使を促進するために講じられている措置には次の事項が含まれる。
- 職業に関する免許取得および継続教育要件
- 業務の監督，メンタリング，レビューおよび検査ならびにパフォーマンス評価
- 期待値の設定を含む，効果的な計画および監査プログラム
- 高品質の監査業務に対して報酬を与えるパフォーマンス指標
- 厳格な募集要項
- 有能な監査責任者および指導者のメッセージ
- コア・コンピタンス，職業的専門家としての判断およびその他の課題に関する研修

監査チーム——特定のクライアントを担当する各監査チームに関して

脅威——監査チームレベルで存在する職業的懐疑心に対する潜在的脅威には次の事項が含まれる。
- 利益相反を生むクライアント・サービスおよび事業開発目標
- 不適切な時間管理，限りある資源，スペシャリストおよびエキスパートの効果的でない利用
- 不適切な検査による影響（例えば，要件の拡大）
- 経営者およびパートナーの好み，職業的懐疑心を重視していない監査業務指導者の気風または慣習
- 実習生モデル
- クライアントの特徴（ガバナンス構造，経営者の気風）
- 監査期間と関連のある親密性
- 機能していない集団意思決定傾向から生じる潜在的なバイアス

軽減措置——監査チームレベルで職業的懐疑心の適切な行使を促進するために講じられている措置には次の事項が含まれる。
- 監査チームの指導者が関与する計画
- 業界および顧客経験
- 不正に関するブレインストーミング会議
- 内部の業務の品質審査プログラム
- 上司への相談の要求
- 特定の非監査業務の提供の制限およびそうした業務に基づく報酬に対する制限を含む，人的資源および独立性に関する方針
- 倫理およびコンプライアンスのホットライン
- パートナー・ローテーション要件
- 審査および外部の検査プログラム

監査業界／監査事務所——外部監査の業界に関連するもの（公開会社業務に携わる会計事務所およびそれらが活動を展開する経済および規制環境を含む）

脅威——監査業界および監査事務所レベルで存在する職業的懐疑心に対する潜在的脅威には次の事項が含まれる。
- 監査報酬支払者が監査人を選任するというモデルから生じる利益相反
- 監査に費やされる資金が不十分，または主として監査報酬に基づく競争
- 事務所／地域のパフォーマンス指標および結果によって生じるインセンティブ
- 地方の事務所による大口クライアントへの依存
- 非監査業務の内容または量
- 関連する監査リスクと十分に整合していない検査の着眼点
- 監視の役割を理解していないまたは経営者と緊密に同調しすぎている監査委員会

軽減措置——監査業界および監査事務所レベルで職業的懐疑心の適切な行使を促進するために講じられている措置には次の事項が含まれる（法域によって異なる）。
- 高品質な監査および職業的懐疑心を促進する経営者の気風
- 特定の非監査業務の提供の禁止を含む，独立性の要件
- 資格取得試験，実務経験および継続教育要件
- 会計および監査基準
- アサーションと監査手続との関係性を含む，監査手法，テンプレート，ツールおよび方針
- 内部審査およびピア・レビュー，独立性に関する方針，トラッキング（追跡調査）および執行を含む，品質管理に関する方針および手続
- 独立した規制当局による監督および検査ならびに検査結果の適切な公表
- 上司への相談の要求
- 訴訟，制裁措置，罰金に対する脅威
- 品質管理，品質レビューおよび独立性に関する基準
- 監査委員会とのコミュニケーション，監査委員会による監査人の選任および任命ならびに非監査業務についての監査委員会の承認の要求

度示すことはしていないが，各レベルで特に重要であると判断した少数の項目については再度示している。また，表に示した脅威をもたらす要因のいくつかについては，適切な職業的懐疑心の行使を促進するというプラスの影響をもたらす面もある点に留意すべきである。例えば，集団意思決定場面で一般に生じる機能不全傾向は，グループの判断の有効性を低下させることがあるが，グループで下された判断は，大抵の場合，個人が下した判断よりも質が高い傾向にある。図表2に記載された脅威および軽減措置は比較的単純ではあるが，各レベルにおいていくつかの重要なポイントを示している。

■個々の監査人レベル：
適切な職業的懐疑心の行使に対する脅威

　調査によると，監査人は他の人々と同様，的確な判断プロセスに常に従うとは限らず，系統的かつ予測可能な罠とバイアスにはまる場合があるため，その判断が完全ではないことがあるということが判明した。医者，弁護士および会計士といった経験豊富な専門家などは，多くの場合，無意識のうちに知的「ショートカット」を使用し，戦略を簡素化して，複雑性を効率よく回避する。こうした簡素化を行うショートカットや傾向は，通常非常に役立つ。しかしながら，これはショートカットであるため，系統的かつ予想通りの最善でない判断につながり，適切な職業的懐疑心の行使が阻害される事態が生じることがある。

　バイアスがかかる傾向により，監査人を含む最も賢く経験豊富な専門家であっても，最善でない判断を下す可能性がある。監査人がどのような場合に無意識のうちに判断ショートカットを行う傾向があり，その動機が無

意識的に監査人に影響を与えることがあるのかを理解すれば，監査人の判断の質および職業的懐疑心の行使がどのような場合に系統的バイアスによって影響を受けるのかを識別しやすくなる。無意識の判断上の罠とバイアスに係る詳細な説明は本ペーパーでは割愛しており，他の文献等に見つけることができるが，監査に関連性があると識別した４つの傾向—利用可能性（availability），アンカーリング（anchoring），自信過剰（overconfidence）および確証（confirmation）を図表３に記載し，簡単に説明している。

　監査チームに与える時間的制約は，個々の監査人に対しても同様に影響を与える。チームおよび個々の監査人の評価には，予算上の想定に関するパフォーマンス評価指標が含まれる場合が多い。こうした制約は，不十分な証拠につながりかねない不十分な職業的懐疑心を行使するインセンティブおよび比較的容易に収集できるがおそらく関連性が低い証拠を監査人が入手するインセンティブを生む可能性がある。

　個々の監査人の判断および懐疑心のレベルは，そのスーパーバイザーの好みにより影響を受ける可能性がある。スーパーバイザーが最終的にパフォーマンス・レビューを行うため，個々の監査人はスーパーバイザーに追従しようと考える。したがって，チームのリーダーによって与えられる意図しないネガティブなメッセージまたはインセンティブは，個々の監査人の側でも同様に理想的とはいえないレベルの職業的懐疑心を生み出すことがある。

　知識および経験の欠如も適切な職業的懐疑心の行使に影響を与える可能性がある。公会計において実習生モデルを利用すると，関連する知識およびプロセスの専門知識が欠如した比較的経験の浅いスタッフの監査人が起

用されることがあり，職業的懐疑心を効果的に行使する能力が制限される。ジュニアスタッフの監査人は通常，最も複雑な監査領域を担当することはないが，多くの場合，新鮮な観点をもたらす。しかしながら，状況によっては，専門的な会計および監査基準，監査事務所の方針および手続，専門用語，条件または根底にある経済的実態を理解するのに苦労することもあ

図表3 バイアスにつながり，懐疑心を薄れさせることがある一般的な判断傾向

自信過剰——意思決定者が業務を行うまたはリスクないしはその他の判断および決定に係る正確な評価を行うにあたり自身の能力を過大評価する傾向。自信過剰は，問題および監査目的の把握に対する過少投資，経営者の好み，見解および報告上の選択に対して異議を唱える姿勢が十分でないこと，監査手続および考えられる選択肢の内容についての検討が限定的であること，または不完全な証拠探索につながるおそれがある。これらすべては最善でないレベルの職業的懐疑心として現れかねない。

確証——情報収集および評価の段階において情報の確証を求めたり重視しすぎる，および当初の考え方または好みと整合した結論を好む傾向。確証傾向により，さまざまな監査人の判断にバイアスがかかる。例えば，監査人が財務データにおける異常パターンについてスーパーバイザーまたはクライアントの説明と整合性のある証拠をただ単に求めるものから，好ましい結果と整合性のある監査証拠に偏りすぎるものまで多様にある。

アンカーリング——最終的な判断を下すにあたり，情報の収集および評価において，当該初期値に十分な調整を加えずに初期値を出発点として判断を下す傾向。アンカーリングは一般的に，前年度からの勘定の詳細を検討する，または未監査の残高を検証することによって，監査人が特定の勘定の監査を開始する際に示される。監査人はそうした金額によって不当に影響を受けるか，または知らずに初期値から十分な調整をし損なう場合があり，取引，見積りおよび勘定残高の評価において客観性を欠くことになる。

利用可能性——意思決定者が記憶からより引き出しやすい情報を，判断に際して，よりふさわしく関連性がある，もしくはより重要性が高いと考える傾向。この傾向により，検討される選択肢ないしはそうした選択肢に集められる情報は，すぐに思い浮かぶ選択肢もしくは情報に限られる。利用可能性は，監査人が通常，複数のクライアントの監査を担当しているときに特によくみられる。最近の事象および監査からの情報は記憶に新しく，監査人は無意識に過去の状況から関連性が低い情報または結論を現在の監査に適用しようとする場合がある。

り得る。相当な認識努力が問題を理解し，監査手法を適用するためだけに払われているとき，ジュニアスタッフの監査人は，「挑戦的」または「疑う」思考態度ではなく，「理解を示す考え方」をとる可能性があり，経営者の意見および好みに異議を唱えることは困難であると考えられる。こうした脅威により，ジュニアスタッフの監査人のメンタリングおよびより経験豊富な監査人による厳格な監督やレビューの維持が重要であることが示されている。

■個々の監査人レベル：職業的懐疑心の適切な行使の強化

図表2では，個人レベルで職業的懐疑心の適切な行使を促進するためにすでに講じられている可能性があるいくつかの措置を記載している。本節では，職業的懐疑心の適切な行使を強化するために職業監査人が検討し得る事項に焦点を当てている。これらの措置のうち，少なくともいくつかについてはすでに実施している監査事務所があるものの，監査事務所は当該領域においてさらなる改善の機会を見いだすことができるであろうとわれわれは認識している。われわれの考え方を個々の監査人レベルで3つのカテゴリー（正しい判断プロセスの開発および適用，積極的な問題のフレーミング，パフォーマンス評価とインセンティブとの整合性）に整理している。

正しい判断プロセスの適用：個々の監査人の職業的懐疑心を高めるために重要な方法は，正しい判断プロセスに従い，判断上の罠とバイアスを回避することを習得することによって，的確な判断を行使する能力を促進することである。判断上の罠とバイアスを軽減する手段についての詳細な考察は他の文献等で見つけることができるが，こうした罠とバイアスを軽減

する基本的な手段は正しい判断プロセスの段階において監査人をトレーニングすることである[9]。当該プロセスでは，判断が熟慮されるよう，整合性のある論理的なアプローチが提供され，監査人のトレーニングやメンタリングを行うために一般的な概念フレームワークおよび共通語彙が示される。監査人が正しい判断プロセスを理解し，それに従うのであれば，多くの判断上の罠とバイアスは避けられる，もしくは軽減することができる。

また，正式な判断プロセスは，罠とバイアスがどのような場合に，どのようにして判断および職業的懐疑心を損ねることがあるのかを理解する状況を示す上で役立つ。そうしたプロセスが実施されると，予測可能かつ系統的な判断上の罠とバイアスが存在することを認識し，それらが職業的専門家としての判断および懐疑心にどのように影響を与えるのかを理解するよう監査人は研修を受けることができる。罠とバイアスに関する気づきおよび理解は，それらを軽減するための常識的なアプローチを容易にする。監査のプロセスと手続に組み込まれたプロンプトは，監査人が監査の過程を通じて判断上の罠と傾向を忘れずに認識しておくことを支援する上で効果的である。最後に，監査人，特にスペシャリストおよびエキスパートが，「相反する見解を示す」，そしてそれを文書化するために時間を割くことを

---

[9] 例えば，グローバー，S・M，D・F・プラウィットおよびKPMG（Glover, S.M., D.F. Prawitt, and KPMG）（2011年）「会計および監査における職業的専門家としての判断の向上：KPMGの職業的専門家としての判断に関するフレームワーク」（Elevating Professional Judgment in Accounting and Auditing: The KPMG Professional Judgment Framework）を参照のこと。正しい判断プロセスに従い，判断上の罠とバイアスを避けることに関するテーマを総合的に取り扱ったものとしては，ベイザーマン，M・HおよびD・ムーア（Bazerman, M.H., and D. Moore）（2009年）「経営上の意思決定における判断」（Judgment in Managerial Decision Making）第7版，ニュージャージー州ホーボーケン：John Wiley & Sonsを参照のこと。また，ハモンド・J・S，R・L・キーニーおよびH・ライファー（Hammond, J.S., R.L. Keeney, and H. Raiffa）（1999年）「賢い選択：よりよい意思決定を下すための実務における手引き」（Smart Choices: A Practical Guide to Making Better Decisions）ボストン：ハーバード・ビジネス・スクール・プレスについても参照のこと。

再認識し，インセンティブを設定することは，効果的な技法である。こうした技法により，自信過剰および確証傾向から生じるバイアスを含め，最も広く浸透しているバイアスの影響がいくらか軽減されることが期待される。

積極的な問題のフレーミング：判断フレームは，人間の認知の本質的な部分であり，それによって，われわれは自身を取り巻く世界を理解することができ，与えられた状況において何が重要で関連性があるのかを特定するのに役立つ。しかしながら，一度に1つのフレームをとおしてしか世界をみることができず，フレームがあること，ましてやフレームとは何か，それがどのような影響を及ぼしているかといったことも通常は認識していない。監査人は，自身および他人が使用しているフレームを積極的に特定，理解して，問題が異なるフレームまたは観点からどうみえるのかを理解しようと努めることによって，自身または他者の当初の結論を適切かつ効果的に疑問視して，クライアントの説明をより効果的に問題視する能力を向上させることができる。例えば，企業の会計上または開示上の選択を考察する際に，経営者，規制当局，投資家の観点から状況を検討し，当該選択がさまざまな事態に照らして，将来，業界紙において報告された場合にどのような見方をされる可能性があるのかを検討することは有益である場合が多い。

個々の監査人レベルにおけるパフォーマンス評価とインセンティブとの整合性：人間の行動原理として，人々はどのように評価され報酬を受けるのかに反応する。これらは監査事務所および監査チームレベルで講ずべき手段であるが，評価やインセンティブに影響を与える方針および実務が最終的な影響を与えるのは，個々の監査人レベルにおける行動に対してであ

る。監査人は、予算実現のプレッシャーなどの他のインセンティブよりも優先して、適切な職業的懐疑心の行使が積極的に評価され、報酬が与えられる環境に置かれる必要がある。

■監査チームレベル：職業的懐疑心の適切な行使に対する脅威

クライアントとの関係を維持し、深めることに対するプレッシャーは、十分な職業的懐疑心を行使する個人および監査チームの能力に影響を及ぼし得る。例えば、監査チームは、過度に高いレベルの職業的懐疑心を行使することは、ともすると経営者との関係に悪影響をもたらしかねないと考えているという証拠がいくつかある[10]。この認識は、誤謬または不正に対するリスクの評価といったリスク評価に影響を与え、職業的懐疑心の行使が不十分となるおそれがある。

予算および期日のプレッシャーが、監査チームが適切なレベルの職業的懐疑心を行使する動機または能力を抑制する場合もある。さらに、監査業務に関する管理の問題により、監査期間中の不正に関するエキスパートまたはその他のスペシャリストの利用が妨げられることもある。

ある監査チームのメンバーは、そのスーパーバイザーの意見や好みによって影響を受け、各監査チームおよびそのメンバーは、上司によって示される職業的懐疑心のレベルを反映している場合が多い。したがって、職業的懐疑心に対する脅威は、直接のレビュアーの好みが適切なレベルの懐

---

[10] ネルソン，M・W（Nelson, M.W.）（2009 年）「監査における職業的懐疑心のモデルおよび文献レビュー」(A model and literature review of professional skepticism in auiditing) Auditing: A Journal of Practice & Theory　282：1-34.

疑心にプラスに寄与しない場合に生じ得る。

　前述したように，脅威は，経験の浅い監査人が適切に業務を割り当てられない，または適切にメンタリングが行われない場合に生じる。経験の浅い監査人は，経験豊富な監査人と比べて，さらなる徹底的な調査を行うことなく，もっともらしい経営者の説明を受け入れるという危険に陥りやすい。より経験豊富な監査人は，ジュニアスタッフである監査人の知識および経験における限界を認識し，スタッフメンバーが効果的に職業的懐疑心を行使する上での助けを必要とする時を見極める必要がある。

　「集団思考」は，最善のブレインストーミングおよび判断プロセスを阻害するというグループまたはチーム設定において生じる傾向を表す用語である。例えば，集団思考の傾向は，リスク許容度の点で，場合によっては，グループの個々のメンバーに許容されているよりも，よりアグレッシブなグループ判断につながる可能性がある。集団思考の傾向についての詳細な説明は本ペーパーでは割愛するが，当該傾向により適切な職業的懐疑心の行使が脅かされることがあり，専門業務における懐疑心を強化するための取り組みにおいて検討される必要がある。

■監査チームレベル：職業的懐疑心の適切な行使の強化

　図表2では，監査チームレベルにおける職業的懐疑心の適切な行使を促進するためにすでに講じられている措置に焦点を当てている。本節では，監査チームによる職業的懐疑心の適切な行使を強化するために監査業界が検討し得る事項に焦点を当てている。一部の監査事務所はこれらの措置のいくつかをすでに実施しているが，さらなる改善が必要となる場合がある

とわれわれは認識している。監査チームが実施できる措置に関するわれわれの考えを4つのカテゴリーに整理している。すなわち，監査チームの適切な気風を設定する，実習生モデルに限界があることを認識し対処する，集団思考傾向を回避するよう集団意思決定を行う，内部の監視／レビュー・プロセスにおける懐疑心に具体的に焦点を当てるという4つのカテゴリーに分類している。

監査チームの適切な気風の設定：監査チームの指導者によって設定される気風または方向性は，監査チームおよび個々のチームのメンバーが示す職業的懐疑心のレベルの主な要因となり得る。つまり，監査事務所レベルで職業的懐疑心を重視すれば，監査リーダーにその気風が伝わり，監査リーダーが適切な気風を設定する場合には，監査チームレベルにおいてその気風が伝わることになる。監査リーダーが適切な気風を設定していないまたは相反するインセンティブやメッセージによって気風に混乱が生じている場合には，監査事務所レベルのメッセージおよび気風は効果を発揮しない場合がある。インセンティブと，適切なレベルの職業的懐疑心が期待され，評価されているという明確かつ一貫性のあるメッセージとを整合させることは，監査事務所および監査チームの指導者レベルの双方においてきわめて重要である。

実習生モデルの限界の把握とそれへの対処：前述したように，ジュニアスタッフの監査人は「理解を示す」考え方に立脚することなく，経営者の意見や好みに効果的に対抗する上で十分な経験がない場合もある。関連のあるスキルセットの範囲内で業務を割り当て，ジュニアレベルの監査人に対して適切にメンタリングを行うことが重要である。効果的なレビューおよびコーチング技法は，経験豊富な監査人が適切に監督し，メンタリング

を行うことを支援する。効果的なプランニングは，脅威が生じるおそれがある状況およびそれにどのように対処し得るのかをチームが見極めるのに役立つ。実習生モデルの大きな利点の1つは，新たな視点をもたらす，聡明で活気に満ちたかつ勤勉な専門家が定期的に流入することである。こうした新たな視点は，バイアス（例えば，自信過剰，確証）につながりかねない傾向のいくつかを相殺するのに役立つであろう。

集団思考傾向を回避する集団意思決定の構築：ブレインストーミングは，職業的懐疑心を向上させる際に採用されることのある技法である。例えば，国際および米国基準では，監査人は監査テストを行う前に会議を開き，監査において起こり得る不正シナリオについて検討することを要求している[11]。起こり得る不正を確かに識別するスキームは，チームが不正に関して適切な職業的懐疑心を行使する際に役立つ。しかしながら，心理学における調査では，グループのブレインストーミング・セッションにより，集団思考およびその他の集団力学により職業的懐疑心が実は阻害される場合があることが示されている。こうした脅威を軽減するような方法でブレインストーミング・セッションを構築し，実施すれば，主要な不正リスクを識別しやすくなる可能性がある。例えば，ブレインストーミング・セッションは，チームのメンバー間で多様な考えや議論が活発化しているとき，監査人が各自でブレインストーミング・セッションの前にリスクおよび予想される監査反応を識別しているときやセッションが系統的かつ慎重に行われているときには，より効果を発揮すると思われる[12]。

---

11 IAASB, ISA 第240号「財務諸表監査における不正に関する監査人の責任」（The Auditor's Responsibility Relating to Fraud in an Audit of Financial Statements）（2009年）ニューヨーク州ニューヨーク：IFAC, PCAOB AU セクション316「財務諸表監査における不正の検討」（Consideration of Fraud in a Financial Statement Audit）（2010年）www.pcaobus.org.

内部の監視／レビュー・プロセス／オン・ザ・ジョブ・トレーニングにおける懐疑心に特に焦点を当てる：職業的懐疑心は，懐疑心の行使に特に焦点を当てた適切かつハイレベルな内部のレビューおよび監視を通じて強化することができる。例えば，監査事務所は，特に，EQR（業務の品質審査）プロセスに加えて，職業的懐疑心の行使および文書化を評価するために，継続中の監査業務のリアルタイム・レビューを実施することができる。また，監査事務所は，監査チーム外の協議を要求する状況に関する方針を立てることも可能である。当該協議では，技術的な考察のみならず，適切なレベルの職業的懐疑心が特定の状況に対するチームの対応によって行使されているかどうかについても焦点が当てられる可能性がある。最後に，監督およびレビュー・プロセスを通じて，職業的懐疑心の適切な行使に関するオン・ザ・ジョブ・トレーニングを導入することにより，特定の監査業務に対して職業的懐疑心を行使しやすくなる。また，長期にわたってスタッフの能力を伸ばし，監査品質に対する責任を日々強化することに役立つと思われる。

■監査業界／監査事務所レベル：
職業的懐疑心の適切な行使に対する脅威

監査業界および監査事務所レベルで，監査報酬支払者が監査人を選任するという現在のモデルは広く受け入れられており，代替モデルと比べて一長一短はあるものの，監査報酬をめぐる競争で利益率が縮小する場合には，

---

[12] ブレイゼル，J.，カーペンター・Tおよびジェンキンズ・G（Brazel, J., Carpenter T., and Jenkins, G.）(2010年)「監査人による不正の検討におけるブレインストーミングの使用：現場からの報告」(Auditors' Use of Brainstorming in the Consideration of Fraud: Reports from the Field) The Accounting Review 85 4：1273-1301.

利益が僅少またはマイナスになった場合には，監査人は監査時間の短縮というプレッシャーを感じる。そのため，懐疑心の行使が不十分となるおそれがある。監査業界または監査事務所主導で監査の品質（疑う，客観的かつ徹底的に探求する考え方の維持および広範な資本市場における監査人の役割）を重視し，十分な動機を与えかつ支持しない場合には，監査チームは十分な職業的懐疑心を行使できないことがある。

最後に，規制当局および／または検査当局の着眼点が関連する監査リスクと適切に整合していない場合には，規制により懐疑心が脅かされるおそれがある。換言すれば，監査人が，特定の監査業務に関して重要な虚偽表示のリスクと十分に相関性がない領域における「検査リスク」への対応に労力を費やす場合には，それまでの検査の影響により，誤った着眼点や労力につながることがあり，より大きな監査リスクを示す領域にあまり注意が向けられなくなる可能性がある。

■監査業界／監査事務所レベル：職業的懐疑心の適切な行使の強化

図表2では，監査業界および監査事務所レベルにおける職業的懐疑心の適切な行使を促進するためにすでに講じられている措置について示している。本節では，監査事務所が職業的懐疑心の適切な行使を強化するにあたり検討することを望むと考えられる領域に焦点を当てている。これらの措置の多くをすでに実施している監査事務所もあれば，いくつかの措置を取り始めた監査事務所もあるとわれわれは認識している。しかし，これまでに検討したその他の領域と同様，改善する余地があると考えている。監査業界／監査事務所レベルにおける懐疑心に対する脅威の中には，監査事務

所の統制の及ばない領域における変更を検討することによって対処するのが最善と思われるものがある。そのため，次の節では，監査人による職業的懐疑心の適切な行使を強化するために，他の利害関係者が財務報告プロセスにおいてできることについて検討している。

　公開業務に携わる会計事務所は，監査人による整合性のある適切な職業的懐疑心の行使について継続的な改善に取り組む必要がある。監査事務所が講じ得る措置に関するわれわれの考えをいくつかのカテゴリーに整理している。すなわち，トップの気風および協議の文化，判断フレームワークの開発と導入，適切な職業的専門家としての判断および懐疑心の行使の基礎となるスキルおよびプロセスに関する研修ならびに整合性のある事務所全体の懐疑心の行使を監視し強化するためのツール，テンプレートおよび技術の開発として分類している。

　トップの気風および協議の文化：監査チームレベルにおける職業的懐疑心に対する脅威について検討した際に述べたように，監査事務所のトップの気風および各地域の事務所のトップの気風は監査チームに浸透し，職業的懐疑心の行使といった態度や実務に影響を与える可能性がある。他のプレッシャー（例えば，期日および予算実現）よりも優先して，疑い，徹底的に探求する考え方が期待・奨励され報酬が与えられるという監査事務所および事務所の指導者からの一貫したメッセージは繰り返し伝えられなければならない。さらに，監査事務所は，協議の文化を確立するよう努めなければならない。職業的懐疑心の適切な行使は，監査人が，問題を理解するだけでなく，その問題を積極的に見直すために必要な企業，業界，会計および監査に関する専門知識を有している場合にかぎり可能であり，それによって監査人は経営者の観点に効果的に立ち向かうことができるように

なる。監査事務所の文化は，監査人が十分な職業的懐疑心を行使するために必要な専門知識を得る際の支援となるものでなければならない。監査チーム外の協議は可能かつ奨励されるべきであり，要求される場合もある。

監査事務所による判断プロセスの開発と支援：前述したように，監査人が職業的懐疑心を行使する能力を向上させる最も重要な方法の１つは，正しい判断プロセスに従う能力を養い，効果的な職業的懐疑心の行使を弱体化させかねない判断上の罠とバイアスを回避することである。監査事務所は，的確な監査判断のプロセスを開発，実行し，当該プロセスを実行中の監査事務所の研修および監査に深く根づかせるために，監査人がそのプロセスを理解し，実行するよう支援しなければならない。監査事務所レベルにおける一般的な概念的基礎および共通語彙により，正しい判断プロセスのメンタリング，コーチングおよびレビューが促進される可能性がある。

職業的懐疑心の基礎となる判断プロセスの研修：前述したように，基礎となる性格特性は適切に職業的懐疑心を行使する個人の能力に影響を与える可能性がある。しかし，経験および一部の最近の調査研究では，職業的懐疑心を行使する監査人の能力を強化しうる知識およびスキルは，研修によって身につけられることが示されている。監査事務所は，監査人の開発プログラムをよりよく理解し，職業的懐疑心の基礎となる判断プロセスに関する（および次に説明する職業的懐疑心の効果的な行使に必要な知識に関する）通常の反復トレーニングを当該プログラムに組み入れるよう，研究者等との連携を検討しなければならない。監査人に対して懐疑的であるよう命じるだけでは十分ではない。基礎となる判断プロセス，知識，態度およびスキルに関する研修を行う必要があり，それにより，監査人は職業的懐疑心をその業務において適切かつ効果的に発揮することができる。わ

れわれは，監査人による職業的懐疑心の行使を強化する上で効果的であることが示されており，監査事務所の研修プログラムにおいて使用することが検討可能なアプローチの例をいくつかあげている。

- 懐疑心の連続性全般にわたるさまざまなレベルの職業的懐疑心の行使に関する研修を行う。本ペーパーの最初の方で，アサーション・レベルのリスクに基づくさまざまな状況に応じた適切な職業的懐疑心の行使に言及した。そうした懐疑心の連続性を採用する監査事務所は，関連する方針を開発し，異なった設定における職業的懐疑心の重要性およびその適切な行使ならびに証拠を入手する際の異なったレベルの懐疑心の結果に関する研修を監査人に対して行うことを望むであろう。例えば，前述の職業的懐疑心の連続性に関する説明で指摘したように，アサーションに関連するリスクが上昇すると，求められる職業的懐疑心のレベルは上昇する。「相反する見解を示す」または反証性のある証拠を積極的に探すことに焦点が当てられることも，同様に増加すると予想される。
- 積極的なフレーミングに関する研修を行う。監査人は，自身および他者が使用しているフレームまたは観点を理解して，さまざまな観点を識別するために積極的に問題のリフレームを行うよう努めることによって，当初の結論を適切かつ効果的に疑問視するまたはクライアントの説明により効果的に対抗する能力を高めることができる。これらは，研修，メンタリングおよび実務経験で習得できるスキルである[13]。

---

[13] 例えば，グローバー，S・M，D・F・プラウィットおよびKPMG（Glover, S.M., D.F. Prawitt, and KPMG）（2011年）「会計および監査における職業的専門家としての判断の向上：KPMGの職業的専門家としての判断に関するフレームワーク」（Elevating Professional Judgment in Accounting and Auditing: The KPMG Professional Judgment Framework）を参照のこと。

- 拡散的思考および集中的思考に関する研修を行い,「事前分析」処理によって証拠パターンにおける不正を認識し,反対意見が有効であるか否かの理由を評価し明確に示すことによって,創造的な問題解決につながる監査人の認知スキルを開発する[14]。

職業的専門家としての判断および基礎的かつ専門的な知識を深める研修を行うことによる職業的懐疑心の強化：職業的懐疑心の行使の基礎となる判断スキルの開発に加えて,監査事務所の研修によって,担当する監査に関連する特定の領域における知識が深まり,監査人の職業的懐疑心の能力を強化することができる。われわれは,以下にいくつかの実例を示しており,一部の監査事務所はすでにその多くを自身の研修に組み入れていることを認識している。

- 業界,事業,評価方法,ITコントロールおよび会計処理に特有の訓練を行う。クライアントの業界,事業および会計処理に関する現在の環境についての知識を得て,理解することは,監査人がリスクを特定する上で役立つ。
- クライアントが計上した金額に着目する前に,未監査勘定残高に係る

---

[14] プラムリー,D,B・A・リクソムおよびA・J・ロスマン (Plumlee, D., B.A. Rixom, and A.J. Rosman)「懐疑的に考えるよう監査人を研修すること」(Training Auditor to Think Skeptically)（2011年）ワーキング・ペーパー,ユタ大学。事前分析思考では,異常な証拠パターンに直面した将来における悪い結果を推測し,その悪い結果が現実のものと「なった」理由を検討するために遡って考える。トロットマン,K・T,R・シムネットおよびA・カリファ (Trotman, K.T., R. Simnett, and A. Khalifa)（2009年）「監査チームの検討内容が監査人による重要な不正の創出に与える影響」(Impact of the type of audit team discussions on auditors' generation of material frauds) Contemporary Accounting Research 26 (4), 1115-42。カーペンター,TおよびJ・L・レイナーズ (Carpenter, T. and J.L. Reiners)「職業的懐疑心：パートナーの影響力および不正の存在が監査人の不正に関する判断および行動に与える影響 (Professional Skepticism: The Effects of a Partner's Influence and the Presence of Fraud on Auditors' Fraud Judgments and Actions)」(2009年) ワーキング・ペーパー,ジョージア大学についても参照のこと。

独自の予想値を設定することの重要性についての研修を行う。監査人は場合によっては，企業の未監査の財務成績を含め，クライアントが提供した証拠に基づいて予想を立てることができる。

- 不正に対する研修を強化する。不正の発生確率が低いことを考慮すると，監査人は，不正が存在するとき，場合によってはそれを認識し損なうというのは意外なことではない。不正（およびある種の証拠における誤謬の兆候）についての過去の経験は，同様の証拠が存在する将来のシナリオにおいて，監査人をより懐疑的にさせることがある。不正の発生確率が低いため，定期的な不正に対する実地研修は，適切なレベルの職業的懐疑心を促進する上で役立つ可能性がある。さまざまな領域における特定の不正スキームに対するエクスポージャーを含む不正に対する研修，特に，当該研修が実際的な監査設定における不正の手がかりに対する模擬的なエクスポージャーを提供する場合には，その影響力はきわめて高いと考えられる。

- 対立の解消および難しい会話についての研修を行う。例えば，あらかじめ設定された限界および「交渉の余地のない」問題を識別し把握する能力が高まると，適切な職業的懐疑心の行使とクライアントとの関係悪化の狭間で選択しなければならない状況がもたらす影響を防止または軽減するのに役立つ可能性がある。

職業的懐疑心の行使を強化し，裏づけるツール，テンプレートおよび技術：ツールおよびテンプレートは，整合性のある適切な職業的懐疑心の行使を促進することができ，監査人が確証証拠と反証証拠の双方を適切に評価し，文書化する際に役立つ。その結果，職業的懐疑心の行使が実証される。モニタリング技術および電子化された監査調書は，重要な判断が監査に関連して下された場合に追跡する際や，期日のプレッシャーにより適切

な職業的懐疑心の行使が損なわれるおそれがあるかどうかを検討する際に報告期限を監視する目的で使用することができる。例えば，重要な見積りおよび基礎となる方法ならびにレベル3の公正価値評価における主要な仮定についてのスケジュールを追跡することにより，最も効果的なテスト戦略の開発を含め，当該アプローチの合理性に関するチームの評価がしやすくなる。さらに，シニアのチームメンバーおよび業務の品質審査担当者による適切な監督およびレビューが容易になる。また，モニタリング技術により，監査業務のリアルタイムまたは「最新のレビュー」が必要となるような状況が浮き彫りとなる可能性がある。例えば，監査のリスク評価および基礎となる財務諸表がモニタリング・ソフトウェアを通じて全国レベルで分析される場合には，既知の問題領域（例えば，サブプライム証券または海外投資などの特定のリスクに対するエクスポージャーを有する企業）へのより適切な関与が促される可能性がある。

監査人の職業的懐疑心を強化するために,他の利害関係者は財務報告プロセスにおいて何ができるか?

　外部監査人は,監査の過程を通じて,適切な職業的懐疑心を行使する責任を負っていることは明らかである。さまざまな構造レベルの職業的懐疑心の決定要因および脅威を理解することにより,適切なレベルの職業的懐疑心のより一貫した行使を促進しうる解決策が容易に浮かぶようになろう。監査人は,その中心的な役割をよりうまく果たすことができ,そして果たさなければならない。監査人の職業的懐疑心を強化するという問題に対する完全な解決策として,すべての構造レベルの脅威に対処し,財務報告プロセスの信頼性を高めることにおいて責任を共有する主要な利害関係者すべてを含むアプローチが必要であるとわれわれは考えている。本節においては,監査人の職業的懐疑心の行使の強化に,他の主要な利害関係者はどのように貢献することができるのかに焦点を当てている。

　また,監査委員会,内部監査人,経営者,アナリスト,証券取引所および規制当局は,それぞれの財務報告における役割上,懐疑心を適切に行使する責任を有している。本節の目的は,これらの他の主要な利害関係者が監査人の適切な職業的懐疑心の行使の強化にどのように貢献する可能性があるのかについて広範囲にわたる考えを示すことにある[15]。われわれは,さらなる考えおよび対話をもたらし,より多くの主要な利害関係者がこうした問題に関する当事者意識をもつよう促すことを目指している。適度に高いレベルの職業的懐疑心を行使する監査人の能力は,他の主要な利害関係者の取り組みが監査人のものと整合しているときに高まるものであるため,このことは重要である。社会の人々に提供される財務諸表の適正性,

信頼性および透明性を向上させるために懐疑心を強化するという全体的な目標については，他の主要な利害関係者が監査人の適切な懐疑心の行使にどのように貢献するか，あるいはそれを損ねてしまうのかを検討することによって促進される可能性がある。

> さまざま構造レベルの職業的懐疑心の決定要因および脅威を理解することにより，適切なレベルの職業的懐疑心のより一貫した行使を促進しうる解決策が容易に浮かぶようになろう。

われわれは，3つの下位グループ（取締役会および監査委員会，規制当局および検査当局，監査基準設定主体）に分類した主要な利害関係者に関する考察を含め，監査人の職業的懐疑心をさらに強化しうる監査業界レベルでの想定される変更案を提示している。われわれは，他の利害関係者が，職業的懐疑心を強化するために自身の取り組みと監査人の取り組みとをどのようにしてより整合させられるかについて，検討される対策の完全なロードマップを提供することを意図していないし，また，われわれは以下に示す考えをすべて採用することが，監査人の職業的懐疑心を強化するために必要であるということも示唆していない。われわれの提案のいくつか

---

15 監査実務審議会（2012年）「職業的懐疑心：共通認識の確立および監査品質の確保における中心的な役割の再確認（Professional Skepticism*: Establishing a Common Understanding and Reaffirming its Central Role in Delivering Audit Quality）」www.frc.org.uk.を参照のこと。また，KPMG，グローバーおよびプラウィット（KPMG, Glover, and Prawitt）(2012年)「COSOのモノグラフ：取締役会の監視の強化：判断上の罠とバイアスの回避」（COSO Monograph: Enhancing Board Oversight: Avoiding Judgment Traps and Biases）についても参照のこと。
　＊APBではScepticismを用いている。

は，少なくとも短期的には，他のものと比べて実施がより現実的であると認識しているが，さまざまな考えを模索することは有用であると考えている。

■取締役会および監査委員会の役割の強化

われわれは，取締役会および監査委員会が外部監査人によって行使される懐疑心に貢献できると考えている[16]。最近の基準では，関連する財務およびその他の情報についての監査人と監査委員会とのコミュニケーションを重視しており，うまくいけば，双方向のコミュニケーションが向上し，役割および責任に係る理解を容易にするだろう[17]。外部監査を担当する監査事務所は，投資家の利益を代表し，高品質の監査を監視および促進する上での役割を理解し，透明性のある報告し，説明責任を負っている取締役会および監査委員会と相互作用している。そのため，監査人の職業的懐疑心に対する一部の基本的な脅威は軽減され，職業的懐疑心を向上させるためのその他の取り組みはより効果的となる。取締役会および監査委員会が監査人の職業的懐疑心を強化できる領域についてのわれわれの考えは，3つの部分，すなわち，一般投資家の利益のために行動する監査委員会の役割の明確化と独立性の強化，監査委員会の財務報告に関する専門知識ならびにより透明性のある監査委員会のコミュニケーションに分類される。

---

[16] 2013年1月付の「懐疑心に磨きをかける」（Honing Skepticism）と題する全米取締役協会（National Association of Corporate Directors：NACD）による最近のペーパーでは，外部監査人の職業的懐疑心を高揚する上で，懐疑心自体およびその役割の両方において重役会議室にいる人々が懐疑心を行使することの重要性を指摘している。また，KPMG，グローバーおよびプラウィット（KPMG, Glover, and Prawitt）（2012年）「COSOの研究論文：取締役会の監視の強化：判断上の罠とバイアスの回避」についても参照のこと。

[17] 例えば，PCAOB監査基準書第16号「監査委員会とのコミュニケーション」（Communications with Audit Committees）（2012年）www.pcaob.us.org。

監査委員会の役割の明確化と独立性の強化：一部の法域においては進展があり，監査委員会を「監査クライアント（監査依頼者）」として明確に位置づけた。これらは，監査人の職業的懐疑心に関連する重要な取り組みである[18]。監査委員会は，自らの客観的態度を通じて監査人の懐疑心に影響を与え，財務諸表および関連する開示が適正に表示されているという意見を裏づけるのに十分かつ適切な証拠の収集における監査人の役割を支援することを望むであろう。監査人のクライアントが経営者ではなく監査委員会であるという監査人および経営者に対する規定における書面および口頭による表現により，監査人の職業的懐疑心を強化することができる。監査報酬支払者が監査人を選任するというモデルについて，監査コストを負担する当事者は，監査人の選任および留任または交替に対して責任を負う当事者ほどには，適切な懐疑心の行使に関して重要ではないように思われる。プロセスおよび一連の要件は，監査委員会の監査人の選任／留任プロセスの一環として外部監査人のパフォーマンスを評価するために設定することができる。当該要件においては，監査人が適用する監査基準に従って重要な監査リスクを特定し，評価して，対処する能力，および監査を行う際の監査人の整合性のある適切な職業的懐疑心の行使が特に重視される可能性がある。

監査委員会の財務報告に関する専門知識：監査委員会は，経営者，内部監査人および外部監査人に徹底的な質問を行うことによって監査人の職業的懐疑心を促進している。このことは，取締役が問題を特定し，理解し

---

[18] 英国財務報告評議会（FRC）の監査実務審議会（APB）の刊行物「監査人の懐疑心：水準の引き上げ」(Auditor Scepticism: Raising the Bar) (2011年3月) を参照のこと。また，外観上も事実上も監査委員会の経営者からの適切な独立性を達成することに関するガイドラインおよび要求事項の明確化は，監査人の職業的懐疑心を強化する監査委員会の能力を向上しうる領域であると考えられる。

て，これらの問題がどのように調査および評価され，最終的に処理されているのかを適切に追求するのに役立つ。パフォーマンスの向上は，適切に職業的懐疑心を適用するために，複雑な財務会計および監査概念を理解するのに十分な経歴と専門知識を有する「財務報告専門家」としての資格をもつメンバーを少なくとも1名擁する監査委員会によってもたらされるだろう。監査委員会に1名以上の財務報告専門家を含む，大規模な取締役会を有する大規模な企業については，監査人に徹底的な質問をする監査委員会の能力を強化することができる。さらに，監査委員会メンバーは，会計，監査，職業的判断および懐疑心，関連する技術，全社的リスクマネジメント（ERM），産業特化，財務報告についてのベストプラクティスおよびその他の関連論点に係る領域における教育および研修の機会をもたなければならない。これらの対策は，監査委員会が経営者から独立した立場にあり，投資家の利益を代表するという役割に従って行動するかぎり，有効である可能性が高い。

　監査委員会が業界，事業，報告，不正リスクからは独立した立場で検討を行い，監査計画が関連するリスクにいかによく対処しているのかについての評価方法を高いレベルで理解するのに役立つよう，ガイダンスが開発される可能性がある。監査委員会の専門家団体は，ベストプラクティスについての研修を行い，監査委員会のパフォーマンスを評価するのに役立つ手引きを作成することもできる。

　専門知識を増やすことにより，監査委員会は，監査人や経営者が企業，その会計および報告制度や方針ならびに企業が属する業界について十分に理解しているかどうかをよりよく評価できるようになる。こうした役割において，内部監査機能は監査委員会にとって貴重な資源となる可能性があ

る。というのも，それによって，企業の経営者の気風，内部統制の有効性，経営者および会計専門家の能力，会計および報告制度の有効性ならびに経営者による無効化（マネジメント・オーバーライド）の発生など，重要な問題に関する監査委員会に関連のある情報が収集，伝達されるからである。

より透明性のある監査委員会のコミュニケーションおよび説明責任：監査委員会は，受託義務を有する企業内で行う監査の品質を監視および促進することに対する多大な責任を負っている。しかしながら，監査委員会は現在，その役割または責任を他の主要な利害関係者に伝える責任をほとんど負っていない[19]。監査委員会が透明性を高め，開放型コミュニケーションをとることにより，委員会メンバーの説明責任の意識および高品質な監査の監視および促進に対する責任が強化される可能性がある。

他の利害関係者とのコミュニケーションにおいて，監査委員会は，その監視義務および責任を果たしたということを示すであろう。それは，利害関係者の利益を代表する適切なレベルのデュー・デリジェンスをもって簡潔に説明できる。監査委員会は，企業が採用した内部および外部監査の取り組みのレベルや質が企業の資源の責任ある使用を表しており，外部の利害関係者を保護するのに十分な職業的懐疑心をもって高品質な監査を行う

---

[19] 米国などの一部の国では，監査委員会は，SEC登録会社の株主宛の委任状に含まれている報告書を提供している。しかしながら，監査委員会が当該報告書において報告すべき事項についてのガイダンスはほとんど提供されていない。当然のことながら，そうした委任状の情報性には大きなばらつきがある。このように，2012年11月に公表された「監査委員会における監査人監視プロセスの透明性の向上」(Enhancing Transparency of the Audit Committee Auditor Oversight Process) と題する「見解」文書において，アーンスト・アンド・ヤングは，監査委員会は定期的な「監査人の独立性および有効性判定」を行い，その判定結果について株主に明示的に報告しなければならないという立場をとっている。

のに適当であるかどうかを評価し示すであろう。そうしたコミュニケーションは，監査委員会が，内部および外部の監査人の取り組みおよび職業的懐疑心を監視する際に，投資家や債権者を代表するその中心的役割を一貫して果たそうとするのを促進する手助けとなると考えられる。

■規制当局／検査当局

　規制当局および検査当局もまた，監査人による整合性のある適切な職業的懐疑心の行使に貢献するために措置を講じることができる。われわれの考えを4つのカテゴリーに分類している。そのカテゴリーとは，判断フレームワークおよび懐疑心の連続性を監査基準および実務に導入すること，監査人および監査委員会を監視すること，監視，検査，および基準設定について，ならびに検査プロセスにおける後知恵および確証バイアスを回避するための措置を講じることである。

　判断フレームワークおよび懐疑心の連続性の監査基準および実務への導入：適切な職業的懐疑心を行使し，その行使を評価する能力を現在制限している要因の1つに，その適切な行使に関する一般的な定義および共通の理解またはフレームワークが欠如していることがあげられる。したがって，規制当局は，基準設定主体および実務家と連携して作業を行い，当該定義，フレームワークおよび実務ガイダンスを開発するであろう。基準におけるガイダンスに基づき，規制当局は，連続性を導入することの実務上の限界，重要な虚偽表示のリスクと適切な職業的懐疑心の行使との関係を取り巻く限界（パラメータ），ならびにその状況に応じた監査人の手続および文書化の内容と範囲との関係を含め，基準の実務における適用について監査業界との見解の一致に至るよう努めるであろう。これらの領域における

共通の理解を経時的に深めることによって，規制，基準設定および検査が促進され，実務における職業的懐疑心の行使および評価を著しく向上させることができる。一般的な懐疑心の定義およびフレームワークを最大限に利用するために，規制当局は，監査人の懐疑心の連続性を検査当局の研修およびプロトコルに含めて適用することを検討するようわれわれは提案している。

監視，検査，および基準設定：同一の組織が，検査，業務執行および基準設定に対する責任を与えられている場合には，基準設定においてコンプライアンスを重視しすぎることがないよう注意を払う必要がある。というのも，適切な職業的懐疑心の行使に関する意図しない結果をもたらすことがあるからである。

検査プロセスにおける共通のバイアスの認識：調査では，人々（会計およびその他の専門家を含む）は，特定の判断傾向から生じるバイアスに影響を受けることが示されている（図表3を参照のこと）。一例は，研究者が「後知恵」または「結果」の傾向と呼ぶものである。こうしたバイアスは，他者の判断を検討する立場の者が，追加的な事象が発生するか，もしくは追加的な情報が利用可能となる前に下された判断は誤っているまたは十分でないということを，事後的に結論することにつながる可能性がある。つまりこれは，監査に係る検査の場において，そうした外部の事象または追加の情報が明らかになる前に下された監査人の判断が，監査時の事実や状況を考慮して，証拠および懐疑心のレベルが実際に適切であったとしても，場合によっては検査当局が十分な職業的懐疑心および監査証拠が示されていないと認識する可能性があることを意味する。このような一般的な人間のバイアスが説明され軽減される範囲で，検査プロセスにおいて，監査人

による適切な職業的懐疑心の行使を強化する可能性が最大限に高まる傾向が強い。異なった状況において適切な職業的懐疑心の行使を示す，共通の証拠および文書化の慣習に関する合意および実務ガイダンスは，審査担当者や検査当局が，証拠が収集され文書化された時点で監査人が利用できる事実および状況を考慮して，監査手続および結論を評価する際に役立つと思われる。

■監査基準設定主体

　監査基準設定主体もまた，監査人による整合性のある適切な職業的懐疑心の行使に貢献するために措置を講じることができる。監査基準設定主体が講じうる措置についてのわれわれの考えを3つのカテゴリー（職業的専門家としての判断フレームワークおよび懐疑心の連続性の監査基準への導入，懐疑的な考え方を促進するような監査基準および適用ガイダンスの改訂，職業的懐疑心の文書化に関するフレームワークの開発）に分類する。

　職業的専門家としての判断フレームワークおよび懐疑心の連続性の監査基準への導入：監査基準は現在，監査人が適切な職業的専門家としての判断および懐疑心を行使することを暗黙の仮定として，起草されている。しかしながら，前述したように，適切な判断および懐疑心とは何か，またはそれをどのように発揮し文書化すべきかということに関して，現在利用できる実務ガイダンスはほとんど存在していない。そこでわれわれは，基準設定主体が監査業界および規制当局と協力して，職業的専門家としての判断フレームワークおよび懐疑心の連続性を監査基準にどのように取り入れるのが最もよいのかを検討し，適切な判断および職業的懐疑心の行使に関する一貫したフレームワークを提供することを提案した[20]。また，監査お

よび品質管理基準は，構造レベル別に体系化された職業的懐疑心に対する脅威について検討することによって改善されるであろう。適切なレベルの職業的懐疑心を保持して監査を行う監査人の能力は，懐疑心の連続性の概念によって明確化される職業的懐疑心に関する共通の定義および実務における適用上のガイダンスによって強化されるとわれわれは考えている。

懐疑的な考え方を促進するような基準および適用ガイダンスの改訂：現行の基準は，アサーションを支持するのに十分かつ適切な証拠を収集するために，肯定的または確証的フレームワークでおおむね記載されている。過去数十年間にわたる判断および意思決定における研究により，判断のフレームワークの力が示された。基準設定主体は，監査人側の適切な懐疑的な考え方を促進するために基準に懐疑的なフレームワークを取り入れること—例えば，基準で「何がうまくいかないのか」を検討することを促したり，経営者の意見に「相反する見解」または反証性のある証拠を模索するよう監査人に対して要求すること—を検討しなければならない[21]。

適切な職業的懐疑心の行使を文書化するためのフレームワークの開発：基準設定主体は，他の主要な利害関係者と協力して，世界的に認識されたフレームワークおよびさまざまなリスク設定における職業的専門家として

---

20 このような判断に関するフレームワークの例は，グローバー，S・M，D・F・プラウィットおよびKPMG (Glover, S.M., D.F. Prawitt, and KPMG) による「会計および監査における職業的専門家としての判断の向上：KPMGの職業的専門家としての判断に関するフレームワーク」(Elevating Professional Judgment in Accounting and Auditing: The KPMG Professional Judgment Framework) (2011年) を参照のこと。
21 マクシノフ，E，M・ネルソンおよびW・キニー (Maksymov, E., M. Nelson, and W. Kinney) による「手続のフレーム，手続の検証可能性および監査の効率性のプレッシャーが公正価値の監査計画に与える影響」(Effects of Procedure Frame, Procedure Verifiability, and Audit Efficiency Pressure on Planning Audits of Fair Values) ワーキング・ペーパー，コーネル大学。

の判断および懐疑心の適切な発揮および文書化に関する実務上のガイダンス，説明およびベストプラクティスを開発するであろう。前述したように，実務上のガイダンスに有益なのは，職業的懐疑心の連続性のレベルを，相反するまたは反証性のある証拠の積極的な探索に関する予想と関連づけることである。

結論

　変化する財務報告環境および監査の品質や目的適合性の向上に対する要求を踏まえて，適切な職業的懐疑心に関する理解およびそれを行使する能力は，財務報告プロセスに関与するすべての利害関係者にとってますます重要となっている。監査専門家は，十分な職業的懐疑心のレベル（関与するリスクに応じたレベル）を識別し，行使することができなければならない。現在，監査基準および専門的文献において職業的懐疑心の適切な発揮と文書化に関する実務上のガイダンスが欠如している。このことは，監査業界，学識経験者，基準設定主体および規制当局にとって重要な機会を示していると考えている。われわれが示す懐疑心の連続性は，職業的懐疑心の性質を理解し，さまざまな状況で適切なレベルの懐疑心を発揮し，文書化し，評価する上で講じることのできる手段を示している。財務報告プロセスにおける職業的懐疑心を強化する可能性がある変更を行うために，関与する監査人等は，職業的懐疑心がさまざまな構造レベル（個々の監査人，監査チーム，監査業界／監査事務所）でどのように脅かされ，どのように強化されるのかを含め，職業的懐疑心の性質を理解する必要がある。すでに実施されている措置に照らして，そして特定の構造レベルにおける職業的懐疑心に対する脅威を理解し，特定する能力が高まったことは，職業監査人がそうした脅威を軽減するために適切な措置を講じ，その他の関連当事者が検討する選択肢に明示または黙示されている関連コストおよびトレードオフを評価する際の助けとなると思われる。

　思考および行動における適切なレベルの職業的懐疑心の行使ならびにそ

れらの行動の結果に関する適切な文書化を通じて，監査人は監査を向上させ，適切な職業的懐疑心をどのように行使したのかをより明確に示すことができる。すべての主要な利害関係者が協調的に取り組むことで，監査の品質が向上し，報告される財務情報の透明性および信頼性が強化される可能性が高まるであろう。本ペーパーにより，継続中の対話を実りあるものとする概念的基礎が示され，監査人の職業的懐疑心，そして，最終的には監査の品質を向上する具体的な行動につながることを願っている。

> 本ペーパーにより，継続中の対話を実りあるものとする概念的基礎が示され，監査人の職業的懐疑心，そして，最終的には監査の品質を向上する具体的な行動につながることを願っている。

索 引

■A～Z■

AAER	48, 52
APB	5, 35
CAQ	43, 80
COSO	43, 52, 58, 83, 87
ERM	50, 86
FEI	44
FRC	5
GAAS	64, 78
GPPC	103, 105
IAASB	35
IIA	44
ISA	34
ISQC	34
NACD	44
PCAOB	82
SEC	43, 46
SOX法	44, 71
SWG	103, 105

■あ■

アーサー・アンダーセン	48, 61
アンカーリング	128
一般に認められた監査基準（GAAS）	64, 78
エージェント	19
演繹論理学	13

■か■

懐疑主義	8
懐疑心	5, 9, 20, 109
懐疑論者	8
会計監査執行通牒（AAER）	48, 52
科学的懐疑心	11, 15
確証	128
仮説	13
株式会社法	19
可変性	20
監査	12, 24
監査委員会	22, 32, 146, 147
監査意見	68
監査基準設定主体	145, 152
監査業界	125
監査実務審議会（APB）	5
監査事務所	21, 30, 125
監査証拠	48, 51, 66, 76
監査チーム	24, 29, 124
監査調書	70
監査人	84
監査品質センター（CAQ）	43, 80
監査報告書	58
基準ワーキング・グループ（SWG）	103
規制当局	145, 150
帰納論理学	13
脅威	120, 123-125
ギリシャ哲学	8

クライアント ……………………………… 22

経営者確認書 …………………………… 68
経営者による無効化 ………………… 149
軽減措置 ……………………… 120, 123-125
検査当局 …………………………… 145, 150
検証 ………………………………………… 13

公開会社 ………………………………… 56
公開会社会計監視委員会（PCAOB）
　………………………………………… 82
国際監査・保証基準審議会（IAASB）
　………………………………………… 35
国際監査基準（ISA） ………………… 34
国際公共政策委員会（GPPC） …… 103
国際品質管理基準（ISQC） ………… 34
個々の監査人 ……………………… 29, 123

■ さ ■

サーベインズ・オックスリー法
　（SOX法） ………………………… 44, 71
財務管理者協会（FEI） ……………… 44
財務報告評議会（FRC） ……………… 5

自信過剰 ………………………………… 128
集団思考 …………………………… 25, 133
受託責任 ………………………………… 33
証券取引委員会（SEC） …………… 43, 46
職業的懐疑心 …… 7, 21, 28, 48, 50, 67, 76,
　79, 81, 107, 108

推定的疑い ………………………… 111, 112
スタッフ監査実務アラート ………… 82

制裁 ……………………………………… 63

正当な注意 ……………… 48, 49, 67, 76, 78
全社的リスクマネジメント（ERM）
　…………………………………… 50, 86
全米規模でない監査事務所 ………… 47
全米規模の監査事務所 ……………… 47
全米取締役協会（NACD） …………… 44

■ た ■

手抜き監査 …………………………… 48, 60

トップの気風 ………………………… 138
取締役会 …………………………… 33, 145, 146
トレッドウェイ委員会支援組織
　委員会（COSO） ………… 43, 52, 87

■ な ■

内部監査人協会（IIA） ……………… 44

■ は ■

判断プロセス ………………………… 139
反不正コラボレーション …………… 45

ビッグ4 ………………………………… 47
ビッグ6 ………………………………… 47

不正な財務報告 ……………………… 46
不正リスク …………………………… 69, 85
プリンシパル ………………………… 19

■ ら ■

リスク評価 …………………………… 25, 50
利用可能性 …………………………… 128

連続性 …………………………………… 113

■ 158

《監訳者紹介》

増田宏一（ますだ　こういち）
1966 年　新潟大学人文学部卒業
現　在　公認会計士，日本公認会計士協会相談役

梶川　融（かじかわ　とおる）
1974 年　慶應義塾大学経済学部卒業
現　在　太陽有限責任監査法人代表社員会長，日本公認会計士協会副会長

橋本　尚（はしもと　たかし）
1991 年　早稲田大学大学院商学研究科博士後期課程単位取得
現　在　青山学院大学大学院会計プロフェッション研究科教授

平成 27 年 8 月 12 日　　初版発行　　　　　　　略称：懐疑心報告書

財務諸表監査における「職業的懐疑心」

　　　　　　　　　　　　　　増　田　宏　一
　　　　　　　監訳者　©梶　川　　　融
　　　　　　　　　　　　　　橋　本　　　尚
　　　　　　　発行者　　　中　島　治　久

発行所　**同 文 舘 出 版 株 式 会 社**
東京都千代田区神田神保町 1-41　　〒 101-0051
営業（03）3294-1801　　編集（03）3294-1803
振替 00100-8-42935　　http://www.dobunkan.co.jp

DTP：マーリンクレイン
印刷・製本：萩原印刷

ISBN978-4-495-20291-0

JCOPY〈（社）出版者著作権管理機構　委託出版物〉
本書の無断複製は著作権法上での例外を除き禁じられています。複製される場合は，そのつど事前に，出版者著作権管理機構（電話 03-3513-6969，FAX 03-3513-6979, e-mail: info@jcopy.or.jp）の許諾を得てください。

本書とともに

日本監査研究学会リサーチシリーズXIII
『監査人の職業的懐疑心』

増田宏一編著

定価(本体価格3,500円+税)
A5判・上製・296頁

日本監査研究学会リサーチシリーズX
『会計プロフェッションの職業倫理
―教育・研修の充実を目指して―』

藤沼亜起編著

定価(本体価格2,800円+税)
A5判・上製・236頁

『会計倫理の基礎と実践
―公認会計士の職業倫理―』

マーク・チェファーズ+マイケル・パカラック著
藤沼亜起監訳

定価(本体価格3,600円+税)
A5判・並製・384頁

同文舘出版株式会社